MENTIRAS OFICIALES

MENTIRAS OFICIALES

10 conspiraciones que han cambiado la historia

❖

DAVID HEYLEN CAMPOS

www.investigacionabierta.com
www.nowtilus.com

Serie: **Nowtilus Frontera**
Colección: **Investigación Abierta**
www.nowtilus.com
www.investigacionabierta.com

Título de la obra: **Mentiras oficiales**
Autor: **David Heylen Campos**

Editor: **Santos Rodríguez**
Director de la colección: **Fernando Jiménez del Oso**
Director editorial: **Lorenzo Fernández Bueno**
Responsable editorial: **Teresa Escarpenter**
Coordinación editorial: **Isabel Sánchez**

Diseño y realización de cubiertas: **Carlos Peydró**
Diseño de interiores: **Juan Ignacio Cuesta Millán**
Maquetación: **Juan Ignacio Cuesta y Gloria Sánchez**
Producción: **Grupo ROS (www.rosmultimedia.com)**

Editado por **Ediciones Nowtilus, S.L.**
www.nowtilus.com
Copyright de la presente edición:
2004 Ediciones Nowtilus, S.L.
Doña Juana I de Castilla, 44, 3.º C, 28027-MADRID

ISBN: 84-9763-094-7

Printed in U.S.A.

Índice

AGRADECIMIENTOS

DECIR QUE HE APRENDIDO y disfrutado escribiendo este libro es indudablemente una verdad innegable, y para ello he recibido el apoyo y el empuje de muchos amigos, familiares, y desconocidos de los cuales, éstos últimos, han pasado a engrosar satisfactoriamente el primer grupo.

Entre todos ellos destaca una persona que sin pretenderlo ha marcado una línea a seguir que me ha reportado grandes satisfacciones, entre ellas el que Vd. tenga este libro en sus manos. José Gregorio González es como el hermano que nunca tuve, ese amigo que todo el mundo quiere tener, porque le da a la palabra "amistad" su pleno sentido. A él va dirigido mi más sentido agradecimiento. Tampoco puedo olvidar a Toñi, a quien envío un guiño cómplice desde aquí, y cómo no, a mis compañeros de micrófono Daniel Fox y a mi gran "Mencey" Fernando Hernández.

Citar a todos y cada uno de aquellos a cuantos querría ofrecer mi gratitud sería dedicar un capítulo entero de este libro. Pero no puedo dejar de ofrecer un gentil reconocimiento a personas que desde hace tiempo me han apoyado y depositado su confianza en cada nuevo proyecto que he emprendido. Entre ellos merece especial atención Lorenzo Fernández Bueno, quien puso su plena confianza en mi para la elaboración de este libro, y a cada uno de los que he conocido durante este largo camino. Mi querido y "momificado" amigo -además de tocayo-, David E. Sentinella, el emprendedor Iker Jiménez, así como a todo el grupo de Edicionesl Nowtilus.

A ellos van dirigidos mis más "conspiranoicos" agradecimientos, y a los que no estén reflejados aquí, quién sabe por qué oscura y misteriosa causa, obviamente no los olvido.

CONSPIRACIONES...

HA SUCEDIDO SIEMPRE. La manipulación es una constante desde que las necesidades tribales alumbraron la política, ya se expresase en un jefe de clan o en un consejo de ancianos. Los argumentos para mover a las tribus, lo mismo que a los pueblos o a las naciones, eran, son y seguirán siendo los que resuenan con los sentimientos. Salvo por las necesidades más perentorias, como el hambre, los humanos responden a las soflamas de sus líderes con cualquier víscera o glándula, excepto con el cerebro. No es una opinión personal, ahí está la historia pasada y la reciente.

En los países teocráticos, impulsores de un cambio en la estrategia internacional cuyas consecuencias no podemos siquiera imaginar, los recursos para la manipulación son tan elementales como efectivos, y uno no sabe de qué asombrarse más, si de la felonía de los imanes gobernantes o de la irracionalidad cerril de los gobernados.

En el caso de las democracias, el asunto es mucho más complejo: un barniz de raciocinio en las mentes de los ciudadanos -tan superficial que se desprende al menor roce- exige métodos más sofisticados. El principal ha sido convencerlos de que disponen de la información suficiente para emitir un juicio. Aunque así fuera, que obviamente no lo es, el que gobierna sabe bien que ese ciudadano no ejerce la ardua tarea de analizar la información para emitir un juicio y prefiere opinar de prestado, esto es, hacer suya la opinión de los "sesudos" comentaristas de la actualidad política o social. Ya en esa elección de a qué opinantes adherirse se está dejando llevar por razones que suelen tener poco que ver con la razón, pero no importa; defenderá como suya esa tesis prestada. Consecuentemente, quien detenta el poder arbitra las medidas necesarias para controlar los medios de comunicación; no sólo los estatales, dónde la manipulación es tan descarada que produce vergüenza ajena, sino también los privados, para, a través de los "líderes de opinión", hacer que los gobernados opinen lo que mejor convenga. Es claro que esos "líderes" opinan, a su vez, por afinidades y, sobre todo, por dinero, como es claro también que el medio de información que les paga y prestigia pertenece a grupos financieros con los que quienes gobiernan o aspiran a gobernar están comprometidos. Gracias a ese estado de cosas, el ciudadano que realmente quiera estar informado ha de leerse tres o cuatro periódicos, oír otros tantos programas informativos de radio y, si su tiempo se lo permite, ver los telediarios de diferentes cadenas para, después, obtener una media aritmética. Aun así, tras vomitar por tanta bazofia ingerida, seguirá consciente de que le faltan datos importantes para hacerse una idea cabal de lo que está sucediendo.

Todo es un juego, sucio y miserable, pero juego al fin. La política está tan condicionada por lo económico, que son las multinacionales las que verdaderamente llevan las riendas del mundo, y eso, a poco que sea perspicaz, el lector verá que se extiende como un pulpo de infinitos tentáculos a lo que vemos, leemos, consumimos y, sin que nos demos cuenta, a lo que pensamos.

En este libro, veraz, descarnado y escrito sin contemplaciones, encontrará varios y contundentes ejemplos de cómo y con qué intenciones se nos manipula. Estoy seguro de que al terminar su lectura encontrará motivos sobrados para el desaliento y, si es sensible, para la amargura, pero los hechos son así. Y no olvide que en las siguientes páginas lo que se recoge es sólo un pequeña muestra; cosas iguales o peores están sucediendo en este mismo momento.

FERNANDO JIMÉNEZ DEL OSO

Prólogo

Conspira... que algo queda

NO EXISTE UNA CONSPIRACIÓN PERFECTA. Sí así fuera nunca sería descubierta, y por tanto no se podría hablar de una trama oculta teorizando sobre su alcance y ramificaciones. Así son las conspiraciones; medias verdades construidas para ocultar auténticas mentiras, y que como todo en esta vida, están sometidas al implacable juez que es el tiempo, ese que termina por dejar al descubierto los cadáveres emparedados, colocando las cosas en su sitio. Las hay de todos los tipos y alcances. Me atrevo a asegurar que todos, en algún momento de nuestra vida, hemos sido copartícipes, cuando no auténticos cerebros, de alguna conspiración. Es posible que los motivos hayan sino nobles, como por ejemplo haber desenmascarado a un farsante en nuestro trabajo, o tal vez un poco más egoísta, del estilo de poner en evidencia a un rival en una contienda amorosa. Sin embargo esas tramas locales, aunque en origen respondan al mismo hecho de manipular la realidad, no son comparables a los efectos que pueden tener las grandes conspiraciones de las que trata este dossier.

Recuerdo a Jerry, el compulsivo y casi paranoico protagonista de "Conspiración", interpretado por Mel Gibson, descubriendo conspiraciones a diestro y siniestro. Y es que mientras escribo estas líneas que el autor me ha querido confiar -más por amistad que por sano criterio-, suena de fondo la magistral y pegadiza banda sonora de la citada película. En la cinta, como en la vida real, nada era lo que parecía, aunque las piezas del puzzle para recomponer la "realidad" estaban todas sobre la mesa. La trama mezclaba elementos auténticos, como el proyecto secreto de la CIA *Mk-Ultra* sobre control mental, con otros más cinematográficos, destacando en cualquier caso por haber sabido reflejar el espíritu conspiranoico del que muchos norteamericanos están contagiados. Y no es para menos, ya que si bien las conspiraciones parecen algo inherente a los colectivos humanos, y están presentes a lo largo de todos los tiempos y lugares, la realidad nos demuestra que los maestros indiscutibles en el arte de *maquillar* la realidad son los estadounidenses. No hay otro lugar en el mundo con tanta conspiración por kilómetro cuadrado como los Estados Unidos, y lo peor de todo es que generalmente tienen la mala costumbre de hacerlas extensibles, sin el permiso de nadie, que por eso se autoproclaman los *gendarmes del mundo*, a donde les viene en gana. Y si no que se lo pregunten a Fox Mulder, el incansable agente del FBI que persigue misterios en la serie "Expediente X". Tras los dramáticos y pintorescos guiones sobre asesinos del más allá, experimentos con el espacio-tiempo o extraños seres elásticos "comehígados", la exitosa saga televisiva debía su éxito, en gran medida, al hilo argumental que de fondo impregnaba casi toda la serie: la conspiración de las conspiraciones, el supuesto pacto secreto del gobierno estadounidense con los alienígenas, por medio del cual los gringos obtenían tecnología a cambio de mirar a otro lado en caso de abducciones de terrícolas. La cosa parece simple pero les aseguro que no lo es en absoluto. Los estadounidenses están tan saturados de medias verdades, existe una manipulación de la realidad tan desarrollada, que la mayoría piensa que su gobierno conspira sobre cualquier cosa, dando crédito incluso a los pactos con extraterrestres grises de grandes cabezas y ojos rasgados venidos de otros planetas. Por eso los argumentos cinematográficos conspiranoicos tienen tanto éxito en EEUU y otros países occidentales. Y los ejemplos son realmente numerosos, aunque no hay espacio para realizar aquí un repaso del recurso de la "conspiración" en el séptimo arte.

Sin embargo el lector no debe llevarse a engaño con este libro. Me consta que su autor se ha aplicado con esmero para ofrecer una visión de conjunto de las principales conspiraciones, en algunos casos tan burdamente tramadas que su éxito sólo se explica como consecuencia de la vulnerabilidad social del *primer impacto*. Este hecho es especialmente notorio en dos de los temas tratados en esta obra, a saber, el del asesinato del presidente Kennedy, y el de los atentados contra las Torres Gemelas de Nuevas York, y contra el Pentágono, en Washington, el 11 de septiembre de 2001. En ambos casos, y especialmente en el segundo, el desarrollo de los acontecimientos al más puro estilo del *reality show* provocaron tal conmoción en la opinión pública, que sus efectos narcotizantes anularon cualquier posibilidad de analizar fríamente los hechos hasta transcurrido un tiempo considerable. Todo apunta, de forma muy explícita en el caso de la conspiración para matar a uno de los presidentes más jóvenes, carismáticos y peligrosos para el *sistema* en la historia de EEUU, que detrás de lo que llamamos realidad y de los gobiernos teóricamente democráticos elegidos en las urnas, se esconden personajes que mueven los hilos según su antojo e interés. Con el caso de JFK ha pasado el tiempo suficiente como para denunciar sin tapujos la farsa del *Informe Warren*, y demostrar punto por punto cómo se manipularon las pruebas y falsearon datos deliberadamente. No obstante la pregunta sigue en el aire, ¿quiénes y por qué mataron a Kennedy?

En cuanto al otro ejemplo, el de los atentados del 11 de septiembre de 2001 perpetrados supuestamente por Bin Laden, el "nuevo y más malo entre los malos" para los "intereses USA", es posible que aún no haya pasado el tiempo suficiente como para que la mayoría hable sin tapujos del asunto. Por suerte algunos investigadores han puesto de manifiesto las notorias incoherencias que rodearon a los atentados, así como todos los cabos sueltos que apresuradamente se han intentado atar burdamente. Sospechas fundadas, manipulación de datos o mentiras monumentales, tramas financieras… En este libro

Heylen hace un detallado repaso por todo ello, a tal punto que más de un lector se llevará a buen seguro más de una sorpresa.

Estoy convencido que a medida que vayan desgranado las páginas de este dossier, les asaltará una duda que de prosperar puede que hasta les llegue a robar alguna que otra hora de sueño: ¿quién mueve los hilos? ¿Existe, como muchos especialistas en conspiraciones postulan, un gobierno en la sombra que lo controla todo, que decide cómo y de qué manera se desarrollarán los acontecimientos futuros? ¿Es cierto que ese grupo ultrapoderoso es capaz de programar guerras y tratados de paz, aupar hasta lo más alto de un gobierno a sus hombres de confianza y derrocarlos cuando dejan de serles útiles? La posibilidad de que esas sospechas sean ciertas es por sí sola aterradora para los que gustamos de vivir en libertad. Profundizar en el terreno de las múltiples teorías de la conspiración es meterse de lleno en arenas movedizas, pisar engañosamente en un terreno que parece firme y que finalmente termina por reblandecerse bajo nuestros pies y engullirnos sin remedio. Metafóricamente, nos puede dejar fuera de juego a poco que comencemos a cuestionarnos la veracidad de la "realidad" en la que vivimos. Puede que a muchos lectores les resulte lejano un asunto como el del asesinato de Kennedy, y que para nada se sienta identificado con este líder. Mucho me temo que pueda ocurrir lo mismo con la historia de Martin Luther King, y tantos otros que han sufrido las consecuencias de las tramas tejidas para acabar con sus vidas. La cuestión clave desde mi modesto punto de vista es que si esas conspiraciones han existido, pueden seguir desarrollándose a cada momento. Eso es lo preocupante, lo que me hace desconfiar por sistema del propio sistema y los que ostentan el poder. En cuanto aparezca un personaje carismático, con la suficiente lucidez y honradez como para denunciar la existencia de alguna trama inconfesable que atente contra la voluntad y la libertad de otras personas, ese poder conspirará para desacreditarle o sencillamente quitarle de en medio. Cada vez que veo imágenes de la infinidad de conflictos bélicos que azotan al mundo, así como de las desigualdades sociales —el hambre, la enfermedad, la pobreza…— me pregunto quién diablos se estará beneficiando, y literalmente enriqueciendo con esa situación. Como ya he comentado, interesarse por el mundo de las conspiraciones es dar un paso al frente de cara a complicarse un poco más la vida. De un asunto se pasa a otro y uno comienza a interrogarse, a cuestionar todas las "verdades" que nos intentan vender. El rosario de preguntas que van surgiendo incluye el saber si realmente el ataque sorpresa de los japoneses a Pearl Harbour era conocido por los altos mandos estadounidenses, o si Juan Pablo I hubiera promovido alguna revolución en el seno de la Iglesia de no haber muerto prematuramente, dicen que asesinado, cuando apenas llevaba un mes de pontificado. Estos temas llevan a plantearse quién permitió que miles de soldados a ambos lados del ya desaparecido *Telón de Acero,* fuesen expuestos sin su conocimiento ni consentimiento, a fuertes dosis de radiación atómica, a que miles de peruanos fuesen esterilizados sin su consentimiento durante el gobierno de Fujimori o incluso a que las aguas de algunas regiones conflictivas del Reino Unido, fuesen fluoradas en un intento por "calmar" las discrepancias mediante la intoxicación de la población. ¿Son ciertas las teorías que apuntan a un origen artificial del virus del SIDA?, o incluso, ¿a que no hay una sola prueba que demuestre que dicho virus existe realmente y es causante de las millones de muertes que se atribuyen en las últimas décadas? Hasta hace unos meses se consideraba que el virus de la viruela estaba erradicado del planeta, y que apenas se conservaban algunas cepas por su interés científico. Hoy sabemos que existen muchas, demasiadas muestras del virus y que pueden ser usadas, mortalmente, en ataques de guerra biológica. ¿A qué se debe el permanente empecinamiento de la mayor parte de los gobiernos de todo el planeta en negar la realidad del fenómeno OVNI? ¿Por qué ese esforzado interés en que aceptemos que no existen casos sin explicación convencional? ¿Tienen algunos alimentos sustancias adictivas no declaradas que se añaden a los mismos para asegurarse futuros compradores? ¿Es cierto que a través de la publicidad subliminal los publicistas manipulan nuestros gustos y nos "invitan" a consumir tal o cual producto? ¿Cómo es posible que durante varios años todas las llamadas telefónicas de medio mundo estuvieran siendo espiadas por el sistema de satélites estadounidense "Echelon"?

Las preguntas, como ya les dije, son numerosas y afectan a todos los ámbitos de nuestra vida. La desconfianza hacia el sistema es para mí, tal vez equivocadamente, un síntoma de libertad, aunque eso no hace que mi vida sea más feliz y placentera. Más bien al contrario. David Heylen nos deja entrever en las siguientes páginas la punta de un inmenso iceberg, nos presenta una selección de episodios conspiranoicos de diversa índole, pero no nos engañemos; todo apunta a que las verdades que se nos ocultan son aún más vergonzosas que aquellas que se nos han permitido descubrir. Y eso sí que es para perder el sueño.

José Gregorio González

Introducción

Si escribir este libro no fue un reto sencillo, introducir al lector en el tema a través de unas pocas líneas de lectura rápida, se convierte en una tarea ciertamente difícil; tanto o más arduo que intentar demostrar al hombre del siglo XXI que cada una de las supuestas conspiraciones aquí expuestas, es tan válida como la posibilidad de que jamás hayamos pisado la Luna. Hemos pisado la Luna, ¿o tal vez no?

Quizá por irónico no sea este ejemplo el más apropiado, pero tal vez haya servido para enviar un mensaje a su subconsciente capaz de generar en alguna parte de su cerebro una pregunta clave: ¿acaso está poniendo en duda el autor la llegada del hombre a la Luna, y desde esa duda, intenta cimentar su argumentación acerca de otras muchas conspiraciones igual de "improbables"? Quién sabe.

Mi intención en este momento no es convencerles de sí el hombre estuvo o no en la Luna, de si fueron entidades gubernamentales las que mataron a *Kennedy*, *Martin Luther King* o *Marylin Monroe*, o de si el actual Presidente de los Estados Unidos estaba o no enterado de los atentados del 11-S. Mi papel aquí es hacerles meditar desde la inquietud, mostrarles lo que piensan otras personas y cómo lo argumentan a través de sus investigaciones. Estos personajes se niegan muchas veces a tomar al pie de la letra lo que los medios de comunicación y los Gobiernos del mundo nos ofrecen, enfrascados en una cruzada "por la verdad" en la que aparentemente no tiene nada que ganar y sí mucho que perder. Estos individuos nos ofrecen la "otra versión" de los acontecimientos, basada también en hechos reales. Pero aún así, como transmisor de esos trabajos e investigaciones, entre mis objetivos está el que usted extreme su escepticismo, incluso con esas personas de las que hablo, ya sea un *Jim Garrison* enfrentado a la trama de JFK, o un *Thierry Meissan* cuestionando los hilos arguméntales del mayor atentado terrorista de la historia. Al final lo importante es lo que usted, amigo lector, crea. Las conclusiones a las que usted como lector y ser humano sea capaz de llegar.

Al fin y al cabo la "Teoría de la Conspiración" nació así, como la necesidad del ser humano para encajar las piezas de un rompecabezas y descubrir el porqué del comportamiento de determinados personajes o sociedades que se mantienen en la sombra, pero que evidentemente existen, llámense *CIA*, *FBI*, *Nuevo Orden Mundial*, *Iluminados*, *Globalización* y un largo etcétera. No es una teoría científica, pero se ayuda de la ciencia y la lógica para darle forma a ese rompecabezas. Que no existan elementos que puedan verificar tales tesis no es un mecanismo para ser refutada, todo lo contrario; es signo evidente de que la conspiración está bien elaborada. Una buena conspiración es así, improbable, y si en algún momento se puede probar, será negada y rebatida, o bien será demasiado tarde para sentar a nadie en el banquillo de los acusados.

Aunque la *primera gran cantera* para la "Teoría de la Conspiración" fuera sin lugar a dudas el evidente e impune magnicidio contra el presidente J. F. Kennedy, no es ni mucho menos el primer caso de esta clase. Podríamos viajar hasta la antigua Roma y vislumbrar el asesinato de Julio César, o sumergirnos en los entresijos de la egiptología y comprobar las guerras de poder que había en torno a la figura sagrada del faraón. Ya en la actualidad, la vergonzosa falta de transparencia alrededor de la tragedia del 11 de septiembre, pasando por la muerte de Juan Pablo I, el suicidio de Marylin, el accidente de Diana de Gales, el asesinato de Robert Kennedy y accidentes de aviación como el de la *TWA-800*, refuerzan el carácter universal y atemporal de la conspiraciones.

La historia de la humanidad está plagada de muertes, accidentes, tragedias, suicidios, logros y atentados en los que no se han llegado a resolver todas y cada una de las dudas que muchos, sacrificando su tiempo, su dinero y en ocasiones su reputación, han planteado.

En algunos casos se ha logrado determinar, tras años de arduas y persistentes investigaciones, que dichos sucesos fueron producto de una conspiración, véase el caso del pastor evangelista Luther King o del ya nombrado asesinato de JFK. Sin embargo, y a pesar de las evidencias, nadie ha sido nunca acusado o llevado ante el gran jurado, bien por el largo paso del tiempo, o porque aún permanece una losa de silencio y confidencialidad al más alto nivel sobre dichos sucesos. No olvidemos que al fin y al cabo a la Justicia se la representa con los ojos cubiertos, aunque no sorda, por lo que la presuponemos capaz de escuchar el grito del pueblo.

Mientras tanto hemos visto cómo determinados personajes han sido acusados y señalados por esas mismas personas que se ocultan en la sombra. Esos personajes, con nombres como *Lee Harvey Oswald, Jack Ruby, Timothy McVeight* o *Earl Ray*, se han llevado sus secretos a la tumba, y en ocasiones se les ha "ahorrado" un juicio justo. Sean culpables o no, cuando menos se les debe el beneficio de la duda, puesto que así nos lo han ofrecido.

Analice, estudie, investigue, infórmese y saque sus propias conclusiones; las pruebas están ahí, esperando a que alguien las descubra; no permanecerán ocultas para siempre. Yo le ofrezco un pequeño manojo de dudas en forma de libro, pero depende de usted lector el que la verdad salga a la luz.

David Heylen Campos

CAPÍTULO 1

11-S, la penúltima conspiración

HA TRANSCURRIDO ALGÚN TIEMPO desde el fatídico 11 de septiembre de 2001, ha habido una guerra y muchas, muchas noticias, y aún así, existen más preguntas que respuestas. ¿Se estrelló realmente un avión en el Pentágono? ¿Se produjo la cepa de ántrax en el mismo corazón de EEUU? ¿Por qué dejaron pistas tan evidentes los 19 terroristas cuando tuvieron la casi imposible precaución de pasar "invisibles" ante los cuatro sistemas de seguridad existentes antes de embarcar en los aviones y no aparecer en dichas listas de embarque? Éstas son sólo algunas preguntas; las respuestas, inexistentes de forma oficial, podrían desvelar una realidad más difícil de asimilar que los propios atentados.

VIVIMOS EN UNA SOCIEDAD CUADRICULADA. Nos sentamos frente a nuestro sofá y dejamos que el tubo catódico de nuestro televisor nos cuente lo que queremos saber sin pararnos a pensar si existe algo más. Somos conformistas y muchos hemos perdido la capacidad de buscar respuestas donde existe un mar de interrogantes. Algo así ha ocurrido el 11-S[1], un atentado terrorista a gran escala que todos pudimos seguir en directo gracias a la era de las nuevas tecnologías que vivimos actualmente. Millones de personas se congregaban ante sus televisores, Internet se colapsaba por primera vez en la historia, y por unos días la palabra Nueva York dejaba paso a la palabra sexo como la más buscada en los navegadores de la Red.

Asistimos en directo al derrumbe de las dos Torres Gemelas del *World Trade Center* —*WTC*—, así como el ataque al mayor complejo

Inicio de la construcción de las colosales Torres Gemelas

---

[1] Los americanos lo denominan 9/11.

militar del mundo, el Pentágono. El miedo se palpaba en el ambiente y no pocos hablaban ya de una Tercera Guerra Mundial.

Mucha gente se planteó una pregunta: ¿qué ocurrió en Estados Unidos el 11 de septiembre? Para esa pregunta se tenía respuesta tan sólo unas horas después. Era sencillo responderla: un atentado terrorista a gran escala. Pero la cuestión fundamental era en cierto modo la misma, salvo con un matiz diferente: ¿qué ocurrió "realmente" en Estados Unidos el 11 de septiembre?

Personas no conformistas, y con la mente menos cuadriculada que el resto, decidieron indagar sobre los hechos que rodearon a la tragedia, y encontraron muchas preguntas que nadie, después de dos años y medio, ha sabido o querido responder. De esas personas, de lo que descubrieron, y de las preguntas que todavía siguen sin explicación, trata este capítulo.

Ataque al *WTC* y colapso de las Torres Gemelas

ERAN LAS 08.48 DE LA MAÑANA EN NUEVA YORK cuando el *Boeing 767* con 65 pasajeros a bordo, hacía impacto en la primera de las Torres Gemelas. La gran manzana estaba despertando para comenzar una nueva jornada de trabajo, y en las 110 plantas del mayor complejo de la isla se encontraban sobre todo los trabajadores del sector de la hostelería. Cuando el avión colapsó contra la Torre Norte, pocos podían imaginar que estuvieran presenciando lo que ya era el mayor golpe terrorista de la historia. Las cadenas de todo el mundo interrumpían sus programaciones y daban paso a las terribles imágenes del rascacielos en llamas. Se hablaba de accidente, aunque alguno se atrevió a pronunciar la palabra atentado. Algo más de 15 minutos después, otro aparato de las mismas características impactaba contra la Torre Sur, confirmando la pesadilla. Se trataba de una acción terrorista.

Una hora después del segundo impacto, la Torre Sur se desploma: eran las 10.05 horas. Transcurridos 20 minutos, la Torre Norte, la que recibió el primer impacto, también se desploma.

En ese momento nadie podía creer lo que estaba sucediendo; la primera potencia mundial, la que todos pensábamos que era intocable, estaba siendo atacada. Las moles se desplomaron como si de un castillo de naipes se tratara. ¿Cómo es posible que éstas sucumbieran a los impactos de los dos aviones?

Justo en este punto, en el hundimiento de las Torres Gemelas, empiezan las fisuras en las teorías oficiales que se vertieron en su momento. Para comprenderlas, deberíamos entender como estaban construidas las mismas y lo que podían soportar.

La construcción del *WTC*, cuyo arquitecto fue Minoru Yamasaki, se basaba en una estructura tubular[2]. Estaba formada por pilares cuadrados de acero inoxidable, huecos, unidos y ceñidos en cada piso por un braguero o cinturón de seguridad de acero grueso de 1,33m de altura, que rodeaban las cuatro fachadas, sujetando los 240 pilares de la torre, 60 por fachada. De centro a centro de pilar una medida muy escasa: sólo un metro, siendo las columnas de 55cm, sólo quedaban 45cm para las ventanas. Columnas y bragueros chapados con una aleación de aluminio y plata que a su vez estaban coloreados por una sustancia ignífuga que permitían soportar más de 2.000° C, al menos durante un buen tiempo. El centro de las torres seguía un patrón similar: una estructura también tubular con 48 pilares distribuidos en seis filas de ocho cada uno.

El suelo era algo descomunal. Estaba formado por un entramado de vigas longitudinales y transversales de acero, en cuyo interior se llevaba todo el cableado del edificio. Encima de éstas, una chapa

DAVID HEYLEN CAMPOS

---

[2]   El mismo Yamasaki empleó esta forma de construcción para levantar la Torre Picasso en Madrid.

ondulada de acero inoxidable sobre la que descansaba el suelo de hormigón con sus baldosas de casi 10 cm de espesor. El grosor de los pilares huecos de estas gigantescas estructuras puede variar entre los 3 y los 5 cm[3].

Auténticas fortalezas de acero y hormigón que según sus propios constructores podrían resistir la embestida brutal de un avión, pero no fue así.

Inicio de la cosntrucción de las colosales Torres Gemelas.

Los investigadores J. Petras y N. Chomsky, ambos del periódico digital independiente, *La Rebelión*[4], son autores de la teoría de la conspiración llamada "Aurora Negra", en la que exponen unas justificaciones para la caída de las torres, algo arriesgadas, pero a tener en cuenta, pues parecen estar muy bien documentadas.

Según éstos, es absurdo pensar que un *Boeing 767-200* con plena carga —136 toneladas— pudiera derribarlas: "*un avión que impacta a*

---

[3] En esta página —www.greatbuildings.com— se pueden ver todos los detalles de la construcción de las Torres Gemelas.
[4] Dirección web del periódico digital www.rebelion.org

800 km/h se hace añicos contra la fachada de acero y contra los 5 ó 6 pisos con los que se tuvo que topar, puesto que como se sabe, los dos aviones impactaron contra los edificios en un ángulo de 45°". Sin embargo, pese a estas rotundas afirmaciones, todos hemos sido testigos y las cámaras lo han recogido, que los dos artefactos entraron en los rascacielos como si éstos fueran de mantequilla. ¿Cómo lo lograron? ¿Eran más débiles las torres de lo que sus constructores pensaban?

Según este diario digital independiente, el secreto se halla en el uranio empobrecido.

Analizando fotograma a fotograma uno de los vídeos particulares, en el que se aprecia cómo el avión penetra en la Torre Sur, estos investigadores afirman que se puede observar el morro del avión prolongándose y las alas a su vez plegarse hacia atrás[5], lo que permi-

Cimientos de las *Twin Towers* en la época de comienzo de las obras.

---

[5] Personalmente debo añadir que, después de analizar las filmaciones no he encontrado indicios de que ésto ocurra realmente, por lo que dicha afirmación debe ser tomada con escepticismo.

tió junto al citado uranio empobrecido que el avión "penetrara" en el interior del edificio.

El uranio empobrecido es un residuo obtenido de la producción de combustible destinado a los reactores nucleares y a las bombas atómicas. Es extremadamente denso y pesado, unos 18 kilos por litro, pero su fuerza destructiva es terrorífica. Además su naturaleza pirofórica hace que se inflame en el momento del impacto, produciendo un calor tal que provoca que la fundición y el ablandamiento del blindaje más potente, atravesándolo y explotando después por la fricción del acero o cualquier otro material empleado en el mismo.

La "Aurora Negra" plantea la posibilidad de que una carga de este material fuera colocado en el morro del avión, y muy probablemente en la parte circular delantera que envuelve los motores de reacción, lo que para ellos explicaría la posición de 45° al penetrar en el edificio, con el fin de destruir y ablandar unos 5 ó 6 pisos, cuya destrucción produciría lo que ocurrió: un desplome en forma de acordeón. Un desplome que a muchas personas cualificadas, todo sea dicho, les pareció demasiado "perfecto". En palabras de **Van Romero**[6], vicepresidente del Instituto de Minería y Tecnología de Nuevo México, *"la caída de las torres fue demasiado perfecta para ser el resultado aleatorio de dos aviones estrellándose contra sus estructuras. En mi opinión, después del impacto de los aviones se tuvo que hacer detonar explosivos en el interior del edificio, siendo éstas los verdaderos causantes del colapso, produciendo una implosión en vez de hacer explosión".*

Intentar entender, tanto una como otra teoría, se nos antoja sumamente embarazoso, a nadie se le podría ocurrir que personajes

---

[6] Posteriormente, debido a las presiones de diferentes medios, cambiaría la versión de su primera declaración.

en la sombra, desde el interior de los EEUU, tramaran un plan para provocar los atentados. Sin embargo las teorías están ahí, para ser rebatidas con pruebas o quién sabe, para hacerse aún más válidas. Lo cierto es que las torres, pese a ser verdaderas fortalezas de hormigón y acero, cedieron y cayeron, los sistemas contra incendios compuestos de unos 14.400 m³ de agua por cada una no funcionaron[7], y en ellas perecieron cientos de personas.

Cuando en abril del pasado año llegaron a Barcelona los bomberos que habían participado en la "zona cero" de Nueva York[8], el periódico *El País*, en una entrevista publicada el día 26 de ese mes, les preguntó: *¿Qué fue lo que más les impactó del 11-S? Tim McCauley respondió: "lo que más me sorprendió fue cómo el avión pudo atravesar aquella mole de hierro".*

Yamasaki, responsable de la construcción de las Torres Gemelas, junto con su equipo técnico.

---

[7]   En el documental que se emitió en *Tele 5* "11-S Lo nunca visto" con motivo del primer aniversario, varios testigos declararon que los pisos del edificio estaban llenos de agua, por lo que es muy posible que el sistema antincendios sí funcionara pero no de forma eficaz.

[8]   Existe un punto oscuro —del que no se ha hablado— sobre la actuación de los bomberos. En una revista relativa a esta profesión llamada *Fire Engineering* se recogen los testimonios de los bomberos que acudieron al *WTC* y lograron sobrevivir. Éstos mencionaron haber escuchado explosiones en la base del edificio, y reclaman al gobierno la apertura de una investigacion independiente. Uno de esos bombreros fue Louis Cacchioli, de la "Brigada 47".

Tras el colapso del *WTC*

ES CURIOSO VER cómo se sucedieron los hechos después de la caída de las torres. Evidentemente, ninguno de los 26 servicios secretos de los EEUU, con un presupuesto de más 30.000 millones de dólares, funcionaron. Afirmaron que no estaban informados de un ataque así, es mas, ni lo sospechaban[9]. Durante más de una hora el ejército y los servicios secretos, ni siquiera se movilizaron, no despegó ningún caza de combate de las bases cercanas a Nueva York. Sin embargo el FBI a solo 48 horas del ataque, ya contaba con los nombres de los 19 islamistas que habían secuestrado los cuatro aviones[10].

De esta lista surgen infinidad de incongruencias fáciles de comprobar, a las que el FBI u otro estamento de investigación se han negado a dar respuestas.

En primer lugar la *CNN* informó pocos días después, que los nombres de estas 19 personas no figuraban en las listas de embarque, por lo tanto, incomprensiblemente, se habían saltado los cuatro sistemas de seguridad previos al abordaje en el avión, asegurando que incluso pocos días antes de los atentados todos funcionaban con regularidad y pulcritud. ¿Para qué tomar tantas molestias en evitar estos cuatro controles de seguridad cuando antes, y en palabras de

---

[9] Posteriormente el público en general se enteraría gracias a los medios de comunicación y al propio FBI, que el gobierno había sido informado de la posibilidad de un ataque terrorista en puntos neurálgicos de su país. Y más grave aún: si nadie estaba informado cómo es posible que *Odigo*, una empresa líder en la mensajería electrónica, es decir, e-mail, indicara que gente en las Torres pudo haber recibido mensajes donde se informaba que se iba a atentar contra las mismas dos horas antes de que sucediera. (Pág. 43 *La Gran Impostura*).

[10] Dos de ellos pertenecen al estrellado en el Pentágono según la versión oficial, y el que se estrelló en Pennsylvania.

Andreas Von Bülow, parlamentario del Partido Socialdemócrata de Alemania, *"Dejaron pistas como una manada de Elefantes"*.

El FBI ofrecía las pruebas irrefutables que inculpaban a los 19 hombres como miembros de la organización *Al-Qaeda* dirigidos por Bin Laden.

Recibos de sus tarjetas de crédito fueron presentadas con sus verdaderos nombres en sus escuelas de vuelo, donde se les instruyó en avionetas *Cessna* y *Pipper* con unas 15 ó 20 horas de vuelo. En sus vehículos, abandonados a la entrada de los aeropuertos, se encontraron cartas dirigidas a sus familiares donde se explicaba cómo iban a morir, manuales del *Boeing* 767, in-

las torres antes de su destrucción en la zona conocida como *World Trade Center*.

comprensiblemente en árabe, así como fotos y posters de Bin Laden. ¿Para qué tomar tantas molestias en el aeropuerto, y en la preparación de los atentados, si ya habían dejado rastros como para ser inculpados irremediablemente?

Pero lo más sorprendente estaba por llegar. Se empezó a corroborar que una parte de las personas a las que correspondían dichos nombres en la lista aportada por el FBI, estaban vivos y trabajando en sus países de origen. Tal es el caso de Saeed Alghamdi, que tenía conocimiento de su "fallecimiento" mientras se encontraba en su puesto de trabajo en Túnez[11]. Se le acusaba de haber participado en el vuelo del *Airlines Flight 93*, conocido como "el vuelo de los héroes", que en un principio se dirigía a la Casa Blanca, para luego acabar estrellándose en Pennsylvania.

También se ha hablado mucho sobre la capacidad de los pilotos para maniobrar los *Boeing 767* con sólo haber hecho prácticas en avionetas tipo *Pipper* y *Cessna*. Ruddi Deckers, propietario de la escuela de vuelo donde se instruyó a los terroristas afirmó que aunque es posible que los inexpertos pilotos fueran capaces de pilotar el aparato una vez despegados, es extremadamente difícil que pudieran realizar una maniobra tan complicada como la que se realizó para enfilar hacia las torres e impactar en ellas con tanta precisión.

Antes del segundo impacto se observó un extraño y pequeño objeto cerca de las torres. Tras el impacto el objeto seguía ahí pero en diferente posición.

En los primeros minutos de emisión de la cadena *CNN*, varios pilotos profesionales afirmaban que los aviones estaban siendo tele-

---

[11] Información suministrada por José María Lesta en el portal de Internet www.mundomisterioso.com

dirigidos, o pilotados por expertos militares. ¿Era esta casi ficticia explicación posible?

La *ITN* —Noticias Internacionales de Televisión— de origen británico, es una importante agencia que sirve de noticias a los medios informativos, algo muy similar a la Agencia EFE. El 24 de abril de 2001, sirvió la información facilitada desde Australia de un ejercicio práctico para probar una tecnología en la que se investigaba desde hacía ya varios años, la *Global Hawk*. Un avión tipo *Boeing*, dotado con dicha tecnología despegaba sin pilotos desde una base aérea de California. Tras alcanzar una altitud de 20 km, y en un viaje de 22

Momento del segundo impacto sobre las Torres Gemelas. Los tiempos han cambiado obligadamente...

horas de duración, el aparato atravesó el Pacífico para aterrizar el 23 de abril en Edimburgo, al Sur de Australia. Sin embargo, el presidente Bush en una rueda de prensa comunicaba que tras los incidentes del 11-S, se hacía necesario reforzar las cabinas de los pilotos y dotarlos de un mecanismo que permitiera controlar los aviones desde tierra. ¿Por qué hablaba Bush de una tecnología ya existente como si fuera algo desconocido?

Infinidad de teóricos de la conspiración plantean que los aviones podrían perfectamente haber sido controlados por tierra una vez despegados ante el estupor que ésto supondría para los pilotos. Esta operación bien podría haber sido llevada a cabo por una conspiración con conocimiento del propio Gobierno, o bien como señala el investigador James Petras, por un grupo de terroristas autónomos, que habría actuado en solitario sin la colaboración ni el conocimiento de la organización *Al-Qaeda*. Según Petras, los EEUU aprovecharon esta circunstancia para culpar a dicha organización y emprender así una ferviente guerra contra el terrorismo internacional, que lo beneficiaría económicamente. Como las cajas negras no revelaron ninguna información, no es posible confirmar esta teoría.

Existen muchas más incoherencias en torno a la tragedia, como por ejemplo que los pilotos no activaran el "sistema 7.500" que da aviso a la torre de control de que el avión esta siendo objeto de secuestro —o más correctamente "Interferencia Ilícita"—, que no fuera posible obtener ninguna información de las mal llamadas "cajas negras"[12], y que sin embargo, misteriosamente, sí apareciera entre los restos de torres el pasaporte intacto de uno de los secuestradores, lo que me lleva a plantear —irónicamente—, si no sería factible forrar las cajas negras con tan resistente material. Que en las

---

[12] Su verdadero color es el rojo.

facturas telefónicas de los fallecidos que llamaron desde los aviones secuestrados, no aparezcan el registro de dichas llamadas[13], y que éstas se pudieran realizar a 35.000 pies de altura, son otros de los interrogantes a los que no se ha encontrado respuesta. Sin olvidarnos claro está, de los objetos extraños que se encontraron al examinar fotograma a fotograma cada una de las imágenes que se ofrecieron de los atentados en cadenas como la *FOX*, la *CNN* o *Reuters*[14].

El ataque al Pentágono

SEGUIR MANTENIENDO QUE EN EL PENTÁGONO se estrelló un avión es un insulto hacia nuestra inteligencia, y las versiones oficiales poco más que un cuento para niños.

Transcurrida una hora del atentado al *World Trade Center*, exactamente a las 09.43 de la mañana —siempre hora de Nueva York—, los medios de comunicación se trasladaban al exterior del pentágono abandonando por unos minutos las imágenes de las Torres Gemelas. Al parecer se había producido una explosión en una de las fachadas del edificio de la inteligencia militar americana. En un principio se barajó la posibilidad de una explosión en el interior del edificio, e incluso el atentado con coche bomba. No sería hasta una hora más tarde que se diera la versión del avión siniestrado. Al parecer varios testigos habían confirmado haber visto el aparato chocar contra el pentágono, teoría que cobró fuerza cuando el aeropuerto de Dulles de Washington confirmaba haber perdido comunicación con uno de sus aviones desde las 09.10 horas.

Pero los testimonios de los protagonistas son vagos y poco concluyentes para que el gobierno norteamericano se base en ellos a

---

[13] Información suministrada por Michael Shore.
[14] Estas imágenes, que muchos aventurados atribuyen a misiles guiados, pueden ser analizadas en la pagina web www.Rense.com

la hora de argumentar que el avión desaparecido se estrellara contra el edificio militar.

En el libro de Thierry Meyssan *La Terrible Impostura* el autor francés recoge estos testimonios y hace un análisis exhaustivo de lo ocurrido en el lugar.

¿Es posible que un avión tipo *Boeing* de casi 48 metros de envergadura provocara únicamente estos daños?

Se dice que varios testigos afirmaron ver un gran avión. En la cadena *CNN* el 11 de septiembre, se entrevista a una mujer, que permanece en el anonimato, la cual afirma que un avión de *American Airlines* volaba rápido y a baja altura en dirección al Pentágono. Sin embargo existen infinidad de testimonios que no se tuvieron en cuenta y que podrían aclarar muchas dudas. *"Tenía capacidad para 8 ó 12 pasajeros, y hacía un ruido estridente como el de un avión de caza"*, explicó Steve Patterson al *Washington Post* el 11 de septiembre.

"Hemos oído algo muy parecido al ruido de un misil para acto seguido oír una tremenda explosión", declaraba tranquilamente Tom Seibert, ingeniero de redes informáticas del Pentágono. Hubo aun más declaraciones como ésta, en palabras a la *CNN* el vicedirector encargado de

Vista aérea del Pentágono donde se observan los daños provocados.

la asistencia militar a las autoridades civiles, el general Clyde A. Vaughn, *"no había nada en el cielo salvo un avión, y parecía dar vueltas por encima de Georgetown, cambiando de rumbo hacia la izquierda a gran altura. Quizás se trate de aquel avión, pero yo jamás he visto un aparato comportarse de esta manera en vuelo"*.

Más esclarecedoras fueron las declaraciones de Mike Walter, periodista del *USA Today*, quien explicó al *Washington Post* y a la *CNN* que *"era como un misil balístico con alas"*. O las de Danielle O'Brien, controlador aéreo del aeropuerto de Dulles, quien explicó cómo el mismo, que en un principio se dirigía a la Casa Blanca para posteriormente estrellarse contra el Pentágono, tenía la velocidad y capacidad de maniobra de un avión militar.

Puesto en entredicho entonces que los testimonios no son suficientemente concluyentes, analicemos el lugar de los hechos y veamos qué nos ofrece la versión oficial.

Según todos los indicios, el artefacto hizo impacto contra la fachada del Pentágono[15] ante la cual se encuentra el helipuerto. Al parecer el aparato había pasado de largo por encima del edificio obviando la primera fachada que apareció en su trayectoria, tras lo cual efectúa una giro de 180 grados para estrellarse contra la menos conflictiva del edificio.

Como se observa el agujero de salida alcanza apenas los tres metros de altura.

---

[15] Es curioso pensar, tal y como señala Meyssan en su libro y como muchos conocen, que las baterías antiaéreas compuestas por varios misiles tierra-aire e instaladas en el edificio a raíz de los incidentes de 1994, año en el que una pequeña avioneta logró aterrizar en el césped de la Casa Blanca, no funcionaron evitando que el avión impactara contra el Pentágono, y menos aun que ninguno de los cazas de la base Andrews despegara ante el eventual ataque.

En una de las primera fotografías que se ofrecieron del lugar de los hechos se pueden observar los efectos que causó el impacto en la fachada[16]. Aquí surge la primera sorpresa: ¿cómo es posible que un avión tipo *Boeing* deje únicamente un agujero de unos 5 ó 6 metros de diámetro en la pared del edificio, cuando por otro lado se nos pretende convencer de que otro similar fue capaz de atravesar y derrumbar las Torres Gemelas? Es simplemente una comparación incongruente.

Pero no solo el agujero de entrada presenta extrañezas; más si cabe las tiene el de salida, ya que se encontró en la pared externa del tercer anillo del Pentágono, un orificio de aproximadamente 2,5 m de diámetro[17].

Meyssan se pregunta qué tipo de artefacto es capaz de dirigirse hacia la planta baja del edificio, producir una enorme bola de fuego y dejar un agujero de 2,50 metros de diámetro en el tercer anillo de edificio. Según la versión oficial, como ya hemos dicho, se trató de un *Boeing 757-200*.

El 15 de septiembre, Lee Evey, jefe del proyecto de renovación del Pentágono, explicó los sucesos según la versión oficial.

El avión impactó en la fachada en un ángulo de aproximadamente 60° con respecto a la misma; el morro del avión atravesó el primer anillo y siguió avanzando hasta el pasillo entre el tercer y cuarto anillo del inmueble. La versión oficial parecía en todos los sentidos, forzada y algo burda, puesto que para explicar las demás contradicciones exponía las siguientes teorías:

---

[16] Ver imagen en la página 35. Como se puede comprobar, es evidente que el edificio se desmoronó varios minutos después del impacto por efecto de la nula sustentación de las plantas superiores.

[17] En la imagen se advierte que en la pared se ha escrito "orificio de salida" (*Punch Out*).

¿Cómo es posible que un avión tipo Boeing sólo produjera un agujero de unos metros en la zona mas baja de la fachada. Puede verse el único resto que apareció del avión del pentágono y que curiosamente no coincide con los colores de la compañía a la que pertenecía el aparato siniestrado. Obsérvese la falta de daños en la hierba.

Para justificar la ausencia de materiales y restos del avión, las autoridades explicaron que el avión se había pulverizado cuando el mismo colisionó contra la resistente estructura del edificio. El porqué partes del avión extremadamente resistentes como los frenos o los reactores desaparecieron, es explicado con el argumento de que el aparato se fundió totalmente, exceptuando los faros y la caja negra, de la cual finalmente no se obtuvo información alguna. Sin embargo si el avión se pudo fundir totalmente, deberían de existir las más de 100 toneladas de este material fundido. Pero no, según la versión oficial la temperatura alcanzó los 2.500° centígrados, lo que provocó la evaporación de los materiales[18]. Finalmente, para justificar el enorme socavón en el terreno, las autoridades advierten que fue provocado por el frontal del avión, el cual, aún dada esta circunstancia, siguió avanzando hasta atravesar el tercer anillo del Pentágono.

Las explicaciones del gobierno americano nos recuerdan sin lugar a dudas a la teoría de la "bala mágica" del asesinato de Kennedy, que aunque resulta a todas luces absurda es mantenida como la hipótesis concluyente para explicar el misterio.

En su libro, Meyssan, además de presentar pruebas que confirman que estas teorías oficiales no encajan con la realidad, ofrece una serie de fotografías[19] que desbaratan por sí solas estas posturas, y nos obligan a plantearnos muchas preguntas.

En una de las fotografías aportadas por la *U. S. Army*[20], se observa cómo un camión de bomberos trata de sofocar el fuego de la fachada del Pentágono una vez que éste ha colapsado. Si se observa un plano global, se comprueba que el césped que se halla justo enfrente se encuentra completamente intacto, y además no se atisban restos del avión.

---

[18] Insisto en que el fuego permitió que se fundieran las 100 toneladas del avión, pero no los faros y las cajas negras.

[19] Estas fotografías son de libre distribución y pueden ser obtenidas en las páginas oficiales de Internet de entidades como las Fuerzas Armadas y Navales del ejército norteamericano, entre otras.

[20] Ver imagen en la página 39.

¿Cómo pudo un avión de 13,60 m de alto, 47,32 de largo y 38 m de envergadura, enfilar la planta baja del edificio, no penetrar más que en el primer anillo, provocando un agujero de 5 ó 6 metros de diámetro, además de no dejar rastro de restos del fuselaje en los alrededores? Y, ¿por qué se cubrió de varias capas de piedra y arena todo el césped si el mismo estaba intacto y no había en él ningún indicio de combustible?

Prototipo de misil conocido como *JASSM*, o hablando con más propiedad, el *AGM-158*.

Aparte de varias fotografías donde incluso es difícil de precisar el lugar del impacto[21] —así como dejar patente que las alas del avión no provocaron señal alguna en el edificio[22]—, la cadena de información *Associated Press* distribuyó una imagen captada por un militar de la *U. S. Navy* donde aparecía el único resto del avión, un trozo de fuselaje que, curiosamente, no estaba ni siquiera ennegrecido, y que además no se corresponde con ninguno de los aparatos de la compañía *American Airlines*.

---

[21] Ver imagen en la página 39.
[22] Ver imagen en la página 39.

Habría que esperar al 7 de marzo para encontrar otra prueba escandalosa. La cadena *NBC*, daba conocer la contradictoria filmación del atentado contra el Pentágono. En la misma se observa cómo se produce la terrible explosión en el edificio. Sin embargo lo más terrorífico de las imágenes es que por mucho que se visionen las mismas, en ningún momento se observa un avión de pasajeros estrellándose contra la fachada del edificio. Lo único que se aprecia es un objeto alargado de unos pocos metros de longitud que se aproxima al inmueble a baja altura. ¿Qué impactó entonces contra el "super-protegido" Pentágono?

Para Meyssan, la respuesta es sencilla: un prototipo de misil conocido como *JASSM*, o hablando con mas propiedad, el *AGM-158* [23], de manufactura americana, con una carga de uranio empobrecido en la punta, lo que habría provocado una perforación en el edificio y no su destrucción. Y fue precisamente eso lo que sucedió según las imágenes: una perforación y no una destrucción que es lo que hubiera ocurrido de haber sido un *Boeing 757-200*.

Ahora, una vez conocida la postura oficial, las pruebas y las investigaciones no oficiales como las del Sr. Meyssan, ¿Cuál es su veredicto?

Los misterios del *Vuelo* 93, el "vuelo de los héroes"

WALLY MILLAR, juez local del lugar donde se estrelló el *Vuelo 93* en Pennsylvania, fue el hombre encargado de recuperar los restos humanos del accidente y establecer la causa de la muerte. En su informe expuso que los 40 pasajeros fueron "asesinados" y a los 4 terroristas los clasificó como "suicidio". Sin embargo, dado que el

DAVID HEYLEN CAMPOS

---

[23] Ver características de este misil en: http://www.military.cz/usa/air/in_service/weapons/ag_missiles/agm_158/agm158_en.htm

avión se pulverizó en el suelo, quedando apenas restos no mayores de 5 cm, las causas de la caída del mismo nunca han sido aclaradas.

La versión que se tejió como la más plausible es, ante todo, un ejemplo de patriotismo. Los pasajeros del *Vuelo 93*, al saber lo que había ocurrido con los otros tres aviones[24], decidieron entrar en la cabina de los pilotos, hacer frente a los terroristas, coger los mandos del avión y estrellar el aparato en un acto de bondad hacia otras posibles víctimas. En definitiva se sacrificaron por su nación para no provocar más fallecidos. Como decía, todo un acto de patriotismo.

Lugar del impacto del conocido "vuelo de los héroes".

Una de las pruebas que atestiguan esta heroica historia son los pocos fragmentos que se han expuesto de las grabaciones de la caja negra, que milagrosamente logró sobrevivir al impacto que convirtió al avión prácticamente en polvo. Sin embargo lo que realmente ocurrió

---

[24] Lo supieron gracias a las llamadas de los teléfonos móviles, que incomprensiblemente los terroristas les permitieron usar.

en los minutos finales de la vida de los pasajeros es un misterio que sólo unos pocos conocen, ya que la audición completa de la grabación se ha censurado para no causar daño a los familiares de los fallecidos.

No obstante existen otras teorías de lo que sucedió y que han cobrado fuerza a raíz de la nula transparencia de los organismos oficiales.

En primer lugar se expone que el *Vuelo 93* de la *United*, fuera derribado por un avión de la Fuerza Aérea Americana, o que bien se hubiera producido una explosión a bordo tal y como describe la llamada de uno de los pasajeros.

Una de las pruebas que refuerza la teoría de una explosión del aparato antes de caer al suelo, es la dispersión que alcanzaron algunos restos del mismo. Se encontraron cartas que se hallaban entre los

Mark Stahl muestra una imagen del socavón dejado por el *Vuelo 93*.

3.400 kilos de correo que transportaba el vuelo, a más de 13 kilómetros del lugar del impacto, así como una pieza, la de mayor tamaño que se recuperó, una parte del motor de una tonelada de peso que fue a parar a dos kilómetros de distancia. Pero lo más extraño, que además concuerda con esta teoría, es una llamada de teléfono de uno de los pasajeros al "911". Al parecer, el pasajero informó a Glen

Cramer[25], que había logrado encerrarse en el lavabo del avión. Éste advirtió a Cramer que el avión había sido secuestrado y que le parecía que el aparato estaba cayendo tras haber oído una explosión en la parte trasera. Tras esto se perdió la comunicación con el pasajero; ésta fue además la última llamada que se recibió desde el interior del *Vuelo 93*.

En cuanto a la teoría de que un caza de la Fuerza Aérea americana hubiera derribado el avión, es menos sostenible, aunque no descartada[26]. Al parecer el Pentágono reconoció que de diferentes bases aéreas salieron dos cazas para interceptar al avión, pero confirma que ambos llegaron después de que el mismo se estrellara contra el suelo. Sin embargo, existe el testimonio de un controlador aéreo federal, publicado días después en el diario *New Hampshire*, que confirma que un *F-16* persiguió sin descanso al *Vuelo 93*. Lo que confirma las aseveraciones de la cadena *CBS*, quien expresó brevemente que antes de la tragedia, dos "cazas" iban siguiendo al aparato[27]. Cinco días más tarde a los acontecimientos, el vicepresidente Dick Cheney reconoció que el presidente Georges W. Bush había autorizado a los pilotos americanos derribar al avión, supuesto que según Cheney no fue necesario.

Otra circunstancia misteriosa la observamos en el artefacto que varios testigos afirmaron ver, un "avión misterioso" que pasó volando sobre el lugar del impacto poco tiempo después. Además de Lee Purbaugh, al menos más de media docena testigos confirmaron que

---

[25] Telefonista del "911".

[26] El día 7 de septiembre poco antes del primer aniversario del 11-S, *TVE2* en su espacio "Documentos TV" se refirió al *Vuelo 93* como "derribado". ¿Un fallo del guionista debido a la confusión de información en torno al caso o un apunte deliberado del mismo?

[27] Consultar noticia en www.pilotosdeiberia.com/prensa/elpais_261201.htm

un segundo aparato sobrevoló el lugar a baja altura y con rumbo errático. Lo describieron de color blanco, con motores posteriores, pequeño y sin señales identificativas.

Para responder a todas estas dudas el Gobierno aseguró que las cartas aparecieron tan lejos a causa del fuerte viento de 15 km/h que las desplazó, que el pedazo de motor fue a parar a dos kilómetros de distancia debido a la fuerza del impacto. Con respecto a la última llamada del pasajero, ni el FBI ni otra autoridad se ha pronunciado al respecto. La cinta de la grabación de la llamada fue confiscada, y se prohibió al telefonista hablar sobre el asunto.

En cuanto al misterioso avión[28], la explicación es, al igual que las del Pentágono, absurda. El FBI confirmó que éste era un *Falcon* de propiedad privada que volaba a 30 kilómetros del *Vuelo 93*. Al parecer las autoridades solicitaron al piloto que examinara el lugar del colapso y transmitiera sus coordenadas.

Si a las 10.06 horas se ordenó que todos los aviones no militares que estuvieran en vuelo aterrizaran de inmediato, si las coordenadas del siniestro estaban más que claras debido a las cientos de ciudadanos que llamaron al "911", y si los cazas *F-16* estaban a sólo unos minutos de distancia, ¿por qué habrían de solicitar a un civil que efectuara esas maniobras? Y peor aún, ¿por qué no se conoce ni se ha facilitado por parte del FBI la identidad de ese piloto?

Conocimientos ocultados… y ántrax

OCHO MESES DESPUÉS DE LOS ATENTADOS en Nueva York y Washington se dio a conocer nueva información entorno al 11-S que dejaba de manifiesto que la forma en que se llevaron los asuntos que concer-

DAVID HEYLEN CAMPOS

---

[28] En un principio, la existencia de este avión fue negada rotundamente.

nían a los atentados no fue ni mucho menos "transparente", dando más motivos para que los creyentes en las teorías de la conspiración se reafirmaran en sus creencias. En dicha información[29], el FBI aseguraba que el presidente estaba al tanto de la posibilidad de que miembros de la organización *Al-Qaeda*, secuestraran aeronaves para lanzar ataques terroristas contra puntos neurálgicos de Estados Unidos, aunque según advirtieron no había seguridad sobre el momento, lugar o método que se emplearía. Por lo tanto, tras esta información, era más incomprensible entender cómo los servicios de seguridad y militares no se movilizaron con mayor prontitud[30]. Ya habían sido advertidos de que algo así podría suceder, y de hecho en su país ya se habían producido hechos similares, nada más y nada menos que contra la Casa Blanca. Prueba de ellos se vivió en 1994 cuando el piloto Eugene Corden[31] se estrellaba contra el césped de la casa del presidente de los Estados Unidos.

También fueron registrados extraños movimientos bursátiles que manejaron grandes cantidades de dinero, poco antes de los atentados en el *WTC*[32]. Según la analista financiera Anna Marie Mergier, existió un grupo de personas, que anticipándose a los atentados del 11-S, y por lo tanto teniendo conocimiento de ello, se aprovecharon ilícitamente de los desencadenantes económicos de los atentados para obtener un beneficio de varios millones de dólares. La opera-

---

[29] Facilitada por *Reuters* el día 17 de mayo de 2001.

[30] Tampoco se entiende el porqué cuando el presidente fue informado de los atentados no se le trasladara a un lugar seguro, cuando el aeropuerto más cercano de donde se encontraba y del que todo el mundo sabía su localización, estaba apenas a ocho minutos.

[31] Ya anteriormente, en 1974 un soldado había robado un helicóptero de Fort Meade para estrellarlo contra el césped de la zona sur de la Casa Blanca.

[32] Artículo: "New York: Golpe de Estado Mundial", José María Lesta. www.mundomisterioso.com

ción sería muy sencilla. Bastaba con especular sobre la baja general de valores que cotizan en bolsa de las empresas implicadas. Compraron no sólo un gran número de acciones, sino lo que se denomina *"puts"*, o lo que es lo mismo, opciones de compra. Gracias a estos movimientos la *Comisión de Control de Operaciones Bursátiles de Chicago* dio la alarma anunciando que un grupo de personajes desconocidos habían logrado una serie de ganancias que se repartían de la siguiente manera: 5 millones[33] de ganancias con la *United Airlines*[34], 4 millones con la *American Airlines*[35], 1,2 millones con *Morgan Stanley Dean Witter & Co*[36] y 5,5 millones con *Merrill Lynch & Co*[37].

Aunque estos beneficios representan el más importante delito de aprovechamiento ilícito de informaciones privilegiadas de la historia, las agencias de investigación como el FBI parecen no haber dado a las mismas importancia alguna[38], pues a punto de cumplirse el primer aniversario de la tragedia, los nombres de los

---

[33] Las cantidades están expresadas en dólares.

[34] Compañía de líneas aéreas americana a la que pertenecían el avión que se estrelló contra la Torre Sur del *World Trade Center* y el famoso "vuelo de los héroes".

[35] Los aviones de esta compañía corresponden al estrellado en el Pentágono y la Torre Norte del *World Trade Center*.

[36] Esta empresa ocupaba varios pisos de las Torres Gemelas.

[37] La sede central de esta compañía se encuentra en el complejo del *WTC*, el cual acabó seriamente dañado, y casi a punto del colapso.

[38] Tampoco se le dio importancia a un hecho cuando menos curioso. Según el periodista del *CNN* Jeff Johnson y certificado por las empresas de dominios de Internet una persona que el FBI se ha negado a localizar, registró durante el 2000 y el 2001dominios de Internet con nombres tan curioso como: *towerofhorror.com*, *horrorinnewyork.com*, *attackontwintowers.com* y muchos más, todos ellos antes de los ataques al *WTC*.

personajes que se aprovecharon de estas informaciones no han sido investigados[39].

En otro orden de cosas, las teorías con relación a los ataques con ántrax perpetrados días después de los atentados, que produjeron cinco muertos y decenas de infectados, tampoco han escapado al análisis y escrutinio de los más críticos y racionalistas. Al parecer, muchos indicios apuntan que la cepa que se utilizó para los ataques biológicos pudo haber sido fabricada en el interior de Estados Unidos, y lo que es más grave, por científicos estadounidenses en estrecha relación con entidades como el FBI. La encargada de impulsar esta teoría no es otra que la científica Barbara Hatch Rosenberg, directora del Programa de Armas Biológicas y Químicas de la Federación de Científicos Estadounidenses[40].

Al parecer, la doctora, sin aportar nombres, ha ofrecido pruebas que vinculan a un sospechoso "potencial" del FBI. El nombre de este científico no es otro que Steven Hatfill, quien está contemplado entre los 30 científicos bajo escrutinio federal.

Hatfill ha trabajado para el Gobierno de los EEUU en lugares como Fort Detrick, Maryland, en cuyas instalaciones se supone se manipuló la cepa de ántrax usada en los atentados contra la salud pública.

Hatch puso sobre la pista de Hatfill al FBI, viendo en el mismo el perfil ajustado del autor de los atentados con armas biológicas; científico con acceso a laboratorios del gobierno, y experto en el mane-

---

[39] Es de señalar como dato anecdótico, que el actual presidente G. Bush fue acusado por el *Washington Post* de tener información privilegiada en 1990 de que *Harken Energy* sufría grandes pérdidas y estaba a punto de quebrar, lo que le permitió vender sus acciones y sacar unos beneficios de casi un millón de dólares. El mismo periódico también acusó al vicepresidente Dick Cheney de embolsarse 18 millones de dólares con el mismo método a través de la compañía *Halliburton Corporation* entre 1998 y el 2000.

[40] Información difundida por la Agencia EFE el 2 de agosto de 2002.

jo de una crisis bacteriológica[41]. De acusarse formalmente, y confirmarse que los atentados biológicos en octubre de 2001 en varios puntos de los Estados Unidos fueron llevados a cabo por Steven Hatfill, estaríamos ante un nuevo *McVeigh*[42], una nueva manzana podrida dentro del gran cesto impoluto de la sociedad norteamericana. Sin embargo pese a que existen fuertes evidencias que apuntan hacia Hatfill como principal sospechoso, el FBI no termina de inculpar de forma oficial al presunto acusado, sembrando más dudas ante la posible vinculación de este organismo en toda la tela de araña que envuelve a los atentados del 11-S y el ántrax.

Para ellos los teóricos de la conspiración exponen que el que dos senadores recibieran cartas infectadas con esta sustancia, Tom Daschle y Patrick Laehy, podría indicar un intento de ataque contra las alas mas conservadoras de EEUU, dentro de una compleja operación de guerra contra el terrorismo.

Una prueba para creer

NO INTENTARÉ EXPONER AQUÍ por qué organismos internos, así como posiblemente grandes personalidades de los Estados Unidos, podrían haber tenido una fuerte implicación en los atentados que cambiaron el rumbo de la historia. Si cree que tras las pruebas expuestas el gobierno norteamericano está envuelto en una campaña de ocultación de información y desea obtener respuestas de cuál sería el motivo, le encomiendo que revise las noticias que han ido apare-

---

[41] De hecho, Hatfill trabaja desde hace varios meses en un programa de instrucción sobre bioterrorismo en la Universidad de Louisiana, en el que incluso participan agentes del FBI.

[42] Ver capítulo "Terror en Oklahoma" de este mismo libro.

ciendo tras el 11-S. Una guerra sin cuartel contra Afganistán, destruir todo un país para buscar infructuosamente a un solo personaje para al final establecer un gobierno controlado por los intereses de Estados Unidos, un territorio ideal que sirvió como campo de pruebas de todo el arsenal bélico de la mayor potencia del mundo. Y por si esto no fuera suficiente, la ferviente intención de comenzar una nueva campaña armamentística contra el "eterno" enemigo Sadam Husein y su país Irak, lo que ha desembocado en una de las sangrías más terribles de las últimas décadas.

Saquen sus propias conclusiones.

Sin embargo existirán personas que, como yo mismo, no les quepa en la cabeza que un país sea capaz de atentar contra sus propios ciudadanos con la intención de conseguir cualquier beneficio para sí mismos.

Para estas personas quiero dedicar un ultimo documento que ya publicó Thierry Meyssan en su libro *La Gran Impostura*, el informe de "La Operación".

Los documentos que hacen referencia a la "Operación Northwoods" fueron desclasificados hace ya bastantes años, concretamente en 1991, cuando la polémica película de Oliver Stone "JFK" levantó suficiente revuelo como para que el caso se reabriera y se desclasificaran varios documentos pertenecientes a la época del mandato de John F. Kennedy[43]. Uno de estos expedientes era el que se refería a la maniobra anteriormente citada.

Lo que representa este documento, puede servir para abrir los ojos a personas que se resistían a creer.

Como todos sabemos el presidente Kennedy se vio envuelto en una dura batalla política contra el régimen castrista de Cuba. Sin

---

[43] Ver capítulo *"Se fragua la teoría de la conspiración"* (Parte II) en este mismo libro.

embargo la forma de llevar a cabo esta política no era del gusto de los altos cargos militares del país[44], que consideraban al presidente un cobarde.

En 1991 se desclasificó un documento conocido como "Operación Northwood", en el que se solicitaba a John F. Kennedy crear un pretexto político, es decir, auto inflingirse un atentado con símbolos castristas o rusos, que provocara un irremediable conflicto bélico.

DAVID HEYLEN CAMPOS

---

[44] Bastaría con referirse a la invasión de Bahía de Cochinos o a la crisis de los misiles en Cuba.

Ante estos hechos militares extremistas presentaban a un grupo especial en el que se hallaban personajes tan relevantes como el General Leyyman L. Leymnintzer, Jefe del Estado Mayor de Interarmas, un documento en el que se plantea la posibilidad de organizar un pretexto político para dar a Kennedy un motivo para intervenir militarmente en Cuba. El plan estaba formalizado por el general William H. Craig.

Este grupo se reúne el día 13 de marzo de 1961 en el Pentágono con el secretario de Defensa R. McNamara, para presentarle el borrador de la operación. Evidentemente McNamara niega rotundamente llevar a cabo aquel despropósito, creando un grave enfrentamiento entre la administración Kennedy y el estado mayor de Interarmas. Esto hace que Leymnintzer no sea elegido como Jefe de las fuerzas de los EEUU, y por lo tanto su alejamiento de la Administración. Al final de su mandato ordena destruir todos los documentos referidos a la "Operación Northwood". Pese a todo logra sobrevivir la copia que recibió McNamara, que es el documento desclasificado en 1991.

Las operaciones que pretendían tomar —reflejadas en el documento— son escalofriantes: Atacar una base americana en Guantánamo, hacer explotar un navío americano en aguas territoriales cubanas, o movilizar a los Estados vecinos de Cuba acreditando una amenaza de invasión, haciendo que un avión cubano bombardeara de noche la República Dominicana u otro país de la región, utilizando por supuesto bombas de manufactura soviética. Estas serían algunas de las maniobras a emplear, entre las que destaca una por su especial frialdad: uno de estos atentados incluiría el movilizar a la opinión publica internacional destruyendo un vuelo trasatlántico de pasajeros en el que se encontraría el primer americano en dar una órbita completa a la Tierra, John Glenn, con motivo de marcar psicológicamente el pensamiento de los ciudadanos.

Sobran las palabras. Tiene las pruebas, tiene los hechos, ahora le toca el turno a usted de plantearse las preguntas, y decida cómo responderlas.

Los atentados del 11-S serán uno de los hechos más importantes de este nuevo siglo que estamos estrenando, y que duda cabe que las repercusiones no acabaron al anochecer de ese fatídico día, sino que se prolongarán durante años, unas consecuencias que seguramente no hayan hecho más que empezar. El tiempo dirá qué nos queda por vislumbrar en toda esta historia al más puro estilo de las filmografías que tanto gustan de realizar los yanquis.

*"Toda violación de la verdad no es solamente una especie de
suicidio del embustero, sino una puñalada en la salud de la sociedad humana"*
Emerson, Ralph Waldo

CAPÍTULO 2

JFK, el final del sueño americano

(Primera parte)

ERAN LAS **12.24** CUANDO EL *LINCOLN* del presidente Kennedy realizaba un giro de 120° en la esquina de Houston Street. La gente agolpada al borde de la carretera aclama al mandatario cuando, tras pasar el Almacén de Libros Escolares de Texas, es oído, sólo por unos pocos, el sonido de un disparo. Pocos segundos después, un segundo disparo resuena en el aire, la multitud y el servicio secreto de seguridad comienzan a reaccionar. Este segundo hiere a Kennedy en el cuello, llevándose las manos a la garganta. Un tercer disparo lo alcanza mortalmente, acabando prácticamente con su vida. Tras unos minutos de desconcierto, la primera pregunta que pasa por la cabeza de toda la nación perdura todavía hoy, casi 39 años después: *"¿Quién mató al presidente Kennedy?"*.

JOHN FITZGERALD KENNEDY nació el 29 de mayo de 1917 en Brookline, Massachussets (EEUU), siendo el segundo de nueve hermanos. Su padre Joseph P. Kennedy, una persona importante dentro de los círculos políticos, educa a sus hijos con una ferviente disciplina cristiana.

En 1937 viaja con su familia por parte de Europa para, años más tarde, tras licenciarse en la Universidad de Harvard, alistarse en la Unidad de Marines del ejército de los Estados Unidos. Es destinado al Pacífico donde participa en la II Guerra Mundial, regresando a sus país después con la medalla del "Corazón Púrpura al Valor".

John Fitzgerald Keneddy

En la guerra muere su hermano Joseph Kennedy Jr. Esta circunstancia le da la fuerza suficiente para involucrarse más de lleno en la política. En 1952 es elegido senador por el Estado de Massachussets. Los años siguientes los pasaría en el hospital debido a las graves lesiones sufridas en la columna durante su servicio en el ejército, lo que no le impidió ganar el *Pulitzer* en 1957.

Pero no sería hasta el año 1960 cuando Kennedy comenzara su carrera meteórica hacia la presidencia de los Estados Unidos. A principios de ese año el futuro presidente ya contaba con la confianza de muchos e importantes políticos y sus éxitos eran numeroos. Todo ello le sirvió para alzarse como presidente de la nación el 8 de noviembre de 1960, con un escaso margen frente Richard Nixon[1].

---

[1] De esta manera el presidente Kennedy se convertía en el más joven de la historia de Estados Unidos, y lo que era más importante, el primer católico en alcanzar dicho estatus.

DAVID HEYLEN CAMPOS

Tras tres cortos años de mandato en la Casa Blanca y con graves crisis internas, el presidente JFK se disponía a iniciar una meteórica carrera política hacia la reelección en 1964.

Viaje a Dallas, un trayecto sin retorno

A MEDIADOS DE 1963 EL GABINETE POLÍTICO de Kennedy comenzó a planificar lo que sería la próxima campaña electoral para conseguir la reelección. Entre los viajes prioritarios en la agenda del joven presidente se encontraba sin lugar a dudas el Estado de Texas, donde la pasada campaña había ganado por un mínimo margen, y en el que, según los sondeos, la imagen del joven gobernante estaba perdiendo puntos[2].

Debido a ello planificó un viaje a Texas a finales de noviembre de 1963, acompañado por el vicepresidente tejano, Lyndon B. Johnson, quien gozaba de un alto prestigio frente a sus paisanos, y de manera casi extraordinaria por su mujer Jacqueline[3].

El periplo por el Estado comenzaría el 21 de noviembre, pero no sería hasta el día siguiente que el presidente y su séquito viajaran a Dallas.

Eran las 11.40 de una mañana soleada cuando el avión del presidente, el *Air Force One*, aterrizaba en el aeropuerto Love Field de Dallas. Sólo diez minutos más tarde, Kennedy abandonaba las citadas instalaciones con destino a las calles de Dallas. En una limusina sin capota, una temeridad en una tierra claramente opuesta a su

---

[2]   La imagen de Kennedy no solo caía en Texas, sino que lo hacía también en otros muchos Estados del sur.

[3]   La esposa del presidente no solía acompañar a su marido en sus viajes presidenciales y de promoción en campaña electoral.

mandato, viajaban la Sra. Kennedy, el gobernador de Texas John Connally, su esposa, y dos guardaespaldas del servicio secreto, William Greer, chófer de la limusina, y Roy Kellerman. El vicepresidente Johnson viajaba en otro vehículo durante el desfile.

Durante el trayecto, el presidente, no paró de saludar a los vecinos que se agrupaban por doquier en las aceras de las calles. Ya durante la primera media hora de viaje, se dejaron entrever los primeros errores en las medidas de seguridad, cuando se observaron en diferentes puntos de la trayectoria establecida de 16 km, varias ventanas abiertas en los edificios.

Vista aérea de la zona de Dallas donde sucedió el atentado, con la ruta de la comitiva destacada.

La comitiva que sigue al presidente entra en la zona conocida como Dealey Plaza, para lo que debe realizar un giro de casi 120° en la esquina de Houston Street con Elm Street[4]. Esto provoca que el

---

[4] Este giro es totalmente incomprensible, puesto que la trayectoria favorable debió ser continuar en línea recta por Main Street.

vehículo reduzca notablemente su velocidad, facilitando así que cualquier francotirador pueda encuadrar su blanco con mayor precisión.

Pocos segundos después de dejar atrás la esquina con Elm Street, y el edificio del Almacén de Libros Escolares de Texas, se oye el sonido del primer disparo. Aunque en un principio se piensa que ningún agente del servicio secreto escucha las detonaciones, se observa, en un análisis posterior realizado a una de las mejores imágenes captadas en ese momento, la conocida como "fotografía Altgens", como

"Fotografía
Altgens".

las puertas del vehículo que precede al del presidente comienzan a abrirse sospechosamente. Esto denota que los agentes que viajaban en el mismo pudieron oír el primer disparo, lo que advierte que, de haberse dispuesto una mejor posición del servicio secreto en el vehículo presidencial, quizás el asesinato del presidente podría haberse evitado[5].

Tras ese primer disparo Kennedy deja de saludar, y acto seguido se percibe un segundo disparo. En ese momento el presidente se lleva las manos a la garganta, momento en el cual el servicio secreto

---

[5] Este detalle fue reconocido como un error del servicio secreto en una investigación posterior que llevo el nombre de "Comisión Warren".

empieza a reaccionar ante lo que ocurre. El Gobernador Connelly es alcanzado también por este segundo disparo, y su esposa lo reclina sobre su regazo. Tras éste transcurren unos segundos de incertidumbre en los que el presidente Kennedy se reclina hacia delante, lo que su esposa aprovecha para sujetar la cabeza del malherido sin comprender qué ocurría en aquellos segundos terribles y cruciales para la historia reciente.

En el momento en el que aparece el vehículo de Kennedy el hombre del paraguas y su acompañante aparecen en escena en actitud sospechosa.

Inmediatamente después, un tercer disparo impacta de lleno en la cabeza de Kennedy, haciendo que parte de su cerebro salga despedida. Jacqueline, presa del pánico parece querer huir encaramándose al maletero del automóvil, pero al instante regresa al asiento, instada por un agente del servicio de seguridad que corría detrás del vehículo presidencial.

Poco después el conductor del citado cuerpo de protección parece querer frenar el vehículo, pero repentinamente acelera bruscamente en dirección al triple paso de ferrocarril para dirigirse por Stemmons Highway hacia el Hospital Parkland.

Mientras el coche del presidente desaparece en el entramado de calles de Dallas, la gente en Dealey Plaza reacciona de diferentes maneras. Unas se tumban en el suelo, otras corren en dirección hacia la parte alta de un montículo de hierba coronado por una valla de madera, justo el lugar desde donde muchos creen provino el disparo letal que acabó con la vida del presidente. Sin embargo, esas personas son detenidas por agentes que se identifican como miembros del servicio secreto, mostrando sus credenciales.

Momento en el cual, tras una incomprensible pausa, el vehículo emprende la huida de la escena del crimen

Apenas media hora después del atentado, Malcom Killduff, ayudante del secretario de prensa del presidente, anuncia oficialmente ante los medios de comunicación que JFK *"ha sido mortalmente herido por un disparo en la cabeza"* [6].

Kennedy había sido asesinado.

---

[6] Curiosamente Killduff, mientras pronunciaba estas palabras señalaba con el dedo que el disparo fue realizado sobre la sien derecha, algo que no concordó con la investigación posterior.

Capturan al presunto asesino

POCAS HORAS DESPUÉS DEL MAGNICIDIO, y con la población aún con-
mocionada ante la desaparición del emblema de la nación, los servicios de seguridad anunciaban la captura del principal sospechoso del
asesinato del presidente Kennedy. Se trata de Lee Harvey Oswald, un
trabajador del Almacén de Libros que presuntamente había disparado al presidente desde la sexta planta del mismo edificio.

J. D. Tippit.

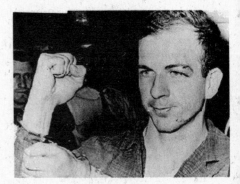

Oswald es arrestado.

Al parecer Oswald fue visto en comportamiento sospechoso por
la policía mientras abandonaba el edificio. Tras encontrar un rifle y
varios casquillos en la ventana de la sexta planta que daba al Dealey
Plaza, la policía emite una orden de búsqueda de un *"hombre blanco,
treinta años, complexión delgada, 1,75 cm de altura, 165 libras de peso"*.

En esos momentos Oswald abandona su apartamento donde ha
acudido para cambiarse de ropa. Pese a que la descripción ofrecida
por la policía concuerda con más de 30.000 personas de Texas, el
agente J. D. Tippit de patrulla por el barrio de Oak Cliff detiene su
coche para dar el alto a un personaje que anda por la calle, y que
considera sospechoso. Sería su última detención; el individuo, sin

cruzar una sola palabra, acaba con la vida del agente tras dispararle cuatro tiros.

Un ciudadano que acude al lugar del tiroteo, avisa por radio del coche patrulla de la existencia de un agente herido. Los testigos presenciales indican que el individuo que disparó al agente, ha huido en dirección Oeste desde el 400 de Jefferson Este.

Posteriormente, una llamada desde el cine Texas, advierte de la presencia de un hombre sospechoso en su interior. A los pocos minutos,

Momento del asesinato de Oswald por Jack Ruby.

varias patrullas detienen a Oswald en el interior del local tras un breve forcejeo. Está armado con un revólver y se encuentran en sus bolsillos varias balas. Aproximadamente a las 13.50 horas es trasladado a la comisaría de policía. No habían transcurrido dos horas y la policía ya parecía tener al asesino del presidente estadounidense.

El 24 de noviembre, dos días después del asesinato, se comienza a realizar el traslado de Oswald alegando que se necesita una prisión de mayor seguridad. Éste en principio debe efectuarse a las 10.30 de la mañana, pero incomprensiblemente se retrasa varios minutos cuando es dejado en la oficina del capitán Fritz para ser interrogado antes del citado traslado.

A las 11.15 horas, Oswald aparece esposado junto a los detectives Jim Leavelle y L.C. Graves, en los sótanos del edificio. Según se abren las puertas del ascensor, los agentes y Oswald son acosados por

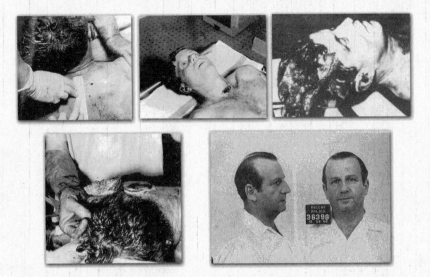

Diferentes imágenes que se tomaron durante la autopsia de JFK. Apenas se observan daños pese a que la "filmación Zapruder" muestra cómo la cabeza de Kennedy explota literalmente tras el último disparo. Abajo a la derecha, Jack Ruby, asesino de Harvey Oswald.

lo medios de comunicación que esperaban impacientes la llegada del asesino. Inmediatamente la policía abre un pasillo entre la muchedumbre para que Oswald pueda entrar en el furgón blindado a fin de ser trasladado. Sin embargo, en este mismo instante, aparece un personaje al que se conocería como Jack Ruby, que con un revólver del 38 hiere mortalmente al presunto criminal, sin dejar tiempo a que los policías puedan hacer nada por evitarlo.

En 48 horas, el caso Kennedy ha quedado resuelto. El asesino del presidente está muerto, no habrá juicio... caso cerrado, ¿o no?

Creación y conclusiones de la "Comisión Warren"

POCO TIEMPO DESPUÉS DE LOS ASESINATOS de Oswald y Kennedy, el nuevo presidente del gobierno norteamericano, crea una comisión de investigación, que llevara el nombre del principal encargado de la misma:[7] la "Comisión Warren".

Tras un año de investigaciones, en 1964 la citada comisión presenta un grueso informe con más de 20 volúmenes, donde explica y expone "resultados" sobre el asesinato del 22 de noviembre en Dallas. Sin embargo, casi 40 años después, las dudas en torno a las conclusiones de ese informe se siguen rebatiendo.

Para la sociedad americana en general, el expediente fue una bocanada de aire fresco. Habían llegado a la conclusión de que Oswald actuó solo, creando con ella la "teoría del asesino solitario". Empero, no fueron éstas las únicas "respuestas" que aportó la comisión. Aquí extraemos las más importantes:

- Los disparos que mataron al presidente e hirieron al gobernador Conelly, fueron realizados desde la sexta planta del Almacén de Libros Escolares de Dallas.

- Se basan en que ciertos testigos vieron un rifle en la ventana del citado almacén justo después de los disparos.

- Se encontraron tres fragmentos de bala, uno en la camilla que transportaba a Connelly al hospital y las otras dos en el coche presidencial. Todos fueron realizados con un rifle *Mannlicher-Carcano* de 6,5 mm que se encontró en la sexta planta del edificio junto a tres casquillos[8].

---

[7]   Jefe del Tribunal Supremo *Earl Warren*, (la" Comisión Warren").
[8]   Al final del segundo capítulo sobre el asesinato de Kennedy se aportan nuevos y reveladores datos sobre este hecho en concreto.

- Según las heridas del presidente y del gobernador, los disparos fueron realizados desde arriba y atrás de la limusina, impactando de la siguiente manera en las víctimas:

  - Primeramente el presidente es herido por una bala que entró por la parte trasera de su cuello para salir por la parte más baja de la garganta, que necesariamente no habría sido mortal. Una segunda bala impacta en la parte trasera derecha de su cabeza, causando una herida mortal.

  - El gobernador fue herido por una bala[9] que entró por la parte derecha de su espalda y "viajó" hacia abajo a través de la parte derecha de su pecho, saliendo bajo su pezón derecho. Esta bala pasó después a través de su muñeca derecha y entró en su muslo izquierdo, donde causó una herida superficial.

  - Por lo tanto no hay evidencia creíble de que los disparos fueran realizados desde el "Triple Ferrocarril", al frente de la caravana presidencial o cualquier otra localización.

- El peso de las pruebas indica que se realizaron tres disparos.

- Los disparos que hirieron al gobernador y al presidente fueron realizados por Lee Harvey Oswald, según las siguientes pruebas:

  - El rifle *Mannlicher-Carcano* era y estaba en propiedad de Oswald.
  - Oswald llevó el rifle al depósito de libros en la mañana del 22 de noviembre.

---

[9] La conocida como "bala mágica" y la misma que hirió a Kennedy en la garganta.

- Poco después del asesinato, el rifle fue encontrado entre unas cajas frente a la ventana del sexto piso, desde donde se efectuaron los disparos. Seguidamente se encontraría la bolsa de papel donde Oswald transportó el rifle hasta el almacén.
- Según la comisión, Oswald está perfectamente cualificado para efectuar tres disparos en el tiempo establecido.

- Oswald asesinó al patrullero J. D. Tippit, aproximadamente 45 minutos después del asesinato de Kennedy, lo que refuerza su culpabilidad en el caso, todo ello determinado por:
  - Dos testigos presenciaron el tiroteo, y otros siete oyeron y vieron al pistolero abandonar la escena del crimen con el revólver en la mano. Todos ellos identificaron a Oswald en la rueda de reconocimiento como el presunto asesino.
  - Los casquillos encontrados en el lugar pertenecían al revólver que portaba Oswald en el momento de su detención, el cual era propiedad y estaba registrado a nombre del mismo.
  - Su chaqueta fue encontrada a pocos metros de la escena del crimen, en el lugar donde los testigos presenciaron cómo huía el pistolero.

- La comisión alcanzó las siguientes determinaciones en relación al asesinato de Oswald por parte de Jack Ruby.
  - Las pruebas que indican cómo entró Ruby a los sótanos del edificio de policía, no son concluyentes, aunque indica que pudo acceder por la rampa de acceso por Main Street.
  - No hay pruebas que sustenten el rumor que alude que la policía de Dallas ayudara a Ruby a acceder al edificio.

- La decisión del Departamento de Policía de trasladar a Oswald a la cárcel del condado fue desafortunada.
- Los preparativos del Departamento de Policía el domingo por la mañana para el traslado de Oswald fueron inadecuados. De importancia crítica fue el hecho de que los medios de comunicación y otros tuvieran acceso a los sótanos del edificio, incluso después de que la policía fuera notificada de intentos de homicidio contra la vida del acusado. Ésto propició el asesinato de Oswald.

● La comisión no ha encontrado evidencias de que Lee Harvey Oswald o Jack Ruby, fueran parte de ninguna conspiración, interna o extranjera, para asesinar al presidente Kennedy.

● La comisión no ha encontrado evidencias de la conspiración, subversión, o deslealtad al gobierno de lo EEUU por parte de ningún agente local, estatal o federal.

● Basándose en las evidencias, la comisión encuentra que Oswald actuó solo.

Éstas son *groso modo* y muy resumidamente las conclusiones más importantes a las que llegó la "Comisión Warren". Pero pronto las discrepancias no se hicieron esperar. En cuanto el informe cruzó el Atlántico, hubo países que mostraron su disconformidad con lo expuesto. Entre ellos, los más importantes fueron Francia, cuyos rotativos calificaron las investigaciones de la comisión como absurdas, y seguidamente Rusia, que declaró que no creía ninguno de los puntos de la versión oficial expuesta.

CAPÍTULO 3

JFK, se fragua la teoría de la conspiración

(Segunda parte)

TRAS LA APARICIÓN DE LOS DOCUMENTOS de La "Comisión Warren", y la polémica suscitada incluso mas allá de las fronteras norteamericanas, las siete "cabezas" al frente de la mencionada comisión, pronto empiezan a esgrimir que pese a trabajar a contrareloj, y afirmar que varias de sus investigaciones quedaron en punto muerto, las conclusiones principales expuestas en el dossier, siguen siendo inamovibles. Al tiempo la sociedad americana comienza a abrir los ojos y se empiezan a airear los trapos sucios del Gobierno, naciendo así la denominada "Teoría de la Conspiración".

LAS DISCUSIONES ALREDEDOR DEL ASESINATO de Kennedy, dividen incluso a los miembros al frente de la investigación, llegando al punto de que algunos, como el congresista por Louisiana, Hale Boggs, comienzan a expresar en voz alta sus dudas ante los métodos empleados por parte del FBI para interrogar a los testigos del caso, exponiendo además sus más que obvias dudas en torno a la teoría de la "bala mágica". Sin embargo, el propio congresista no tendría la oportunidad de decir todo lo que sabía sobre la polémica investigación. Su avioneta personal desaparecía "misteriosamente" en 1972 cuando sobrevolaba los helados páramos de Alaska. Nunca se recuperó su cuerpo.

Muchos pensaban para entonces que la "Comisión Warren" había respondido a una verdad política: calmar a la sociedad y silenciar las voces de quienes dudaban acerca de la íntegra culpabilidad de Oswald, todo ello antes de las inminentes elecciones presidenciales de 1964.

Transcurridos apenas doce meses de la aparición del informe Warren, y viendo la polémica suscitada a nivel internacional, muchas personas deciden dedicar parte de sus vidas a esclarecer las incógnitas que presenta la investigación oficial.

Entre éstas se encuentran abogados, investigadores, e incluso ciudadanos de a pie que conmocionados por lo hechos, deciden aportar su pequeño granito de arena. Entre todos ellos destaca la labor de Harold Weisberg, investigador del Senado, que tras varios pleitos con el gobierno estadounidense consiguió desclasificar varios documentos de la policía de Dallas, el FBI y la CIA, o el investigador y escritor Josiah Thompson, quien fue uno de los primeros en publicar la teoría de que Oswald no fue el único que apretó el gatillo aquel fatídico día, sin olvidar, que duda cabe, la increíble labor de Sylvia Meagher, que en su libro *Accesories Alter the Facts* recogió el único índice de nombres y datos de los 26 volúmenes que presentó la "Comisión Warren", y quien "olvidó" incluir en los mismos nombres sospechosos.

Pero sin lugar a dudas la mejor y más concienzuda investigación fue realizada por el fiscal de Nueva Orleans Jim Garrison, en 1967, convirtiendo su vida a partir de entonces, en una auténtica cruzada para desenmascarar al Gobierno en lo relativo a la ocultación de pruebas, exponiendo que el asesinato del presidente y Oswald fue el resultado de una conspiración muy bien tramada y organizada.

Para ello Garrison rebate los puntos más oscuros de la "Comisión Warren", exponiendo, con pruebas, cada una de las conclusiones

Interior del almacén de libros desde donde se efectuaron los disparos que alcanzaron al presidente, según la versión oficial.

que ofrece el informe presentado unos años antes. Entre las que aportó el valiente Garrison, señalaremos las más importantes que contradicen a las expuestas en el capítulo anterior por la citada comisión.

> • *Según el informe oficial, la misma bala que hirió a Kennedy en la garganta, la perteneciente al segundo disparo, fue la que hirió a Connelly en espalda, pecho, muñeca y muslo.*

Dicha bala, conocida como la "bala mágica" o prueba "CE399", entró por la base del cuello y salió por la parte baja de la garganta del presidente para, continuando con su trayectoria, herir al gobernador. Éstas son al menos la conclusión de la comisión, sin embargo según los informes de la autopsia del FBI, en los que se adjuntaron algunos croquis y fotografías, se precisa que el proyectil entró en el cuerpo del presidente por debajo de su hombro izquierdo, y que ésta penetró en el cuerpo una longitud aproximada a la de un dedo, sin encontrarse señal de la salida.

¿Cómo pueden haber estas incongruencias entre ambos informes?, y más grave aún, si la "Comisión Warren" recibió los docu-

La "bala mágica".

mentos del FBI y un suplemento posterior el 13 de enero para que éstos fueran de ayuda en su investigación. ¿Sería entonces posible que la comisión alterara los datos de la "autopsia original", para adaptarlas a lo que ellos determinaron que era la "autopsia original"?

Se podría plantear que el FBI se equivocara a la hora de dar los resultados de la autopsia, y que posteriormente la comisión concluyera y rectificara estos errores, sin embargo las fotografías aportadas por el suplemento del informe dejan claro que el documento del FBI era sin lugar a dudas el original. En dichas instantáneas se muestra el orificio de entrada de la bala en la chaqueta y camisa del presidente Kennedy. Ese se halla justo debajo del hombro derecho, exactamente en el mismo lugar que en la camisa, por lo que es imposible que camisa y chaqueta estuvieran plegados casi diez centímetros hacia arriba, como algunos expusieron para explicar la antítesis entre el

Una de las pruebas de la "Comisión Warren". La camisa que JFK llevaba puesta el día del asesinato.

orificio de entrada propuesto por la comisión y las mencionadas fotografías.

Por lo tanto es imposible que la bala que hirió a Kennedy en un primer momento saliera por su garganta y a su vez hiriera al gobernador. Lo que nos induce a pensar que la herida de la garganta debió de producirse posteriormente al disparo que sufrió Kennedy en primera instancia. De hecho el agente del servicio secreto que viajaba en el asiento delantero de la limusina, afirmó haber oído decir a Kennedy en el momento de ser alcanzado por la primera bala: *"Dios mío, estoy herido"*. Si atendemos a la teoría de la comisión, esto sería algo totalmente imposible, pues si la bala hubiera atravesado la tráquea el presidente no habría podido articular palabra.

Otro detalle significativo en contra de la teoría de la "bala mágica" es la prueba más importante del caso: la "filmación Zapruder", efectuada por A. Zapruder, quien se encontraba en el lugar del atentado grabando el desfile con una cámara de 8mm. Dicha película capturaba 18,3 fotogramas por segundo, lo que permite establecer el tiempo en que transcurre cada movimiento. La comisión aseguró que la misma bala que hirió a Kennedy, hizo lo propio con el gobernador Conelly; esto ocurrió en el fotograma 228 de la grabación, sin embargo en el fotograma 272 se observa que el Gobernador aún sostiene en la mano su sombrero. Por lo tanto es difícil concluir que si la bala atravesó la muñeca de éste en el fotograma 228, aún en el 272, unos 2,4 segundos más tarde, el político sostenga con dicha mano su sombrero.

Si esto es así, habría que plantearse que Lee H. Oswald no fue el único tirador en el lugar y que la cantidad de disparos fue superior a la establecida por la comisión, en un total de tres.

> ● *Según la "Comisión Warren", sólo se efectuaron tres disparos, siendo el último de ellos el que produjera la herida mortal en la cabeza del presidente. Todos ellos se hicieron desde una posición elevada y posterior al presidente.*

En la "filmación Zapruder", entre los fotogramas 313 y 319, se recoge la secuencia completa sobre el impacto de la bala mortal. En el fotograma 313 se observa una tremenda explosión de la parte derecha del cráneo, siendo expulsado hacia fuera gran cantidad de materia cerebral, huesos y sangre. En dicha cinta se observa cómo la cabeza del presidente es proyectada hacia atrás y la izquierda, lo que para muchos investigadores, entre ellos Garrison, es la prueba evidente de que el disparo se realizó desde la parte delantera de la limusina, justo sobre el montículo de hierba en el Dealey Plaza.

No obstante, aunque la pista parezca concluyente existen discrepancias en torno a esta afirmación. En el fotograma anterior al de la explosión de la cabeza, se observa como por una fracción de segundo, que el cráneo se desplaza hacia delante, para luego, tras la explosión, efectuar el movimiento anteriormente descrito.

Pese a ello, no es definitivo si la inercia de una bala desde atrás puede producir un movimiento frontal, y posteriormente si la potencia de la explosión podría hacer oscilar la cabeza hacia atrás y a la izquierda. Las investigaciones que dilucidaron si esto era así, no han sido llevadas a cabo hasta el momento por ningún equipo de investigadores o físicos cualificados para ello.

Jim Garrison.

En cuanto a que debieron ser tres disparos y no más, la explicación es clara para la comisión: aparte de que los testigos oyeron tan sólo tres detonaciones, era prácticamente improbable que en el lapso de tiempo establecido, Oswald hubiera podido realizar más de tres disparos, ya que se estableció que el tiempo necesario para recargar el rifle era de 2,3 segundos, con lo que sería extremadamente difícil que se produjera un cuarto disparo.

En contrapunto Garrison descubrió a varios testigos que afirmaron haber oído más de tres, y a los que la comisión no citó jamás para declarar...

Pero lo que sin lugar a dudas echaría por tierra la hipótesis de las tres balas fue una prueba que no se presentó hasta 1978.

En ese año, tras los esfuerzos realizados por Jim Garrison, quien abrió los ojos al pueblo americano, se reabre la investigación por parte del *Comité de Representantes de la Cámara para Asesinatos.* Los motivos son claros: tras una encuesta, se deduce que el 80% de la población cree que el presidente fue asesinado por algún tipo de conspiración, y para dar más ímpetu a los motivos que hicieran rea-

brir el caso se muestra una nueva prueba. La grabación sonora que se efectuó gracias a que los micrófonos de los agentes de policía quedaron abiertos. En la misma se escucha con meridiana claridad un total de cuatro balazos.

El Comité de 1978 dilucida que se realizaron en este orden: el primero efectuado por Oswald, que resultó fallido y al rebotar en la acera, cruza la manzana completa para herir en la mejilla a James Tague. El segundo, también producto de Oswald, hiere a Kennedy y a Conelly[1]. El tercero,

Esta imagen recoge los fotogramas 228 y 272 de la filmación Zapruder.

también fallido, efectuado por el segundo tirador, de identidad desconocida, y el cuarto disparo, el mortal, efectuado por Oswald. Pero lejos de aclarar las dudas en cuanto al caso, ésto las complica un poco más puesto que, si tal y como ha realizado el investigador español e ingeniero industrial Antonio Moreno[2], unimos el sonido a la "filma-

---

[1] Este disparo es conocido por los investigadores como "la bala mágica".

David Heylen Campos

ción Zapruder", se observará cómo es imposible que el cuarto disparo, el que acaba con la vida de Kennedy, exista en tiempo y con-

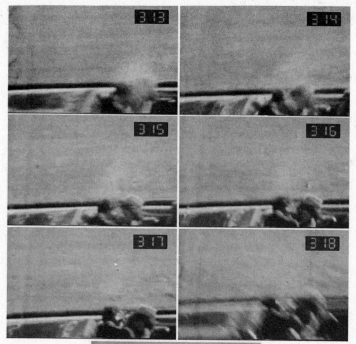

Los fotogramas del 313 al 319 de la "filmación Zapruder", recogen el momento del disparo fatal que acabó con la vida de JFK.

---

² Estas investigaciones pueden ser comprobadas en su pagina Web sobre el asesinato del presidente: www.jfk.iefactory.com

cordancia posible para que ese y no otro sea el que acabe con el presidente. Por lo tanto es más probable que fuera el tercer disparo, el que provino de la valla de madera, el que produjo el impacto letal en la cabeza de JFK, y en conclusión, el que Oswald fuera inocente de los cargos que se le han atribuido desde hace casi cuatro décadas.

Sin embargo, pese a que el comité determinó que existieron dos presuntos tiradores, Lee Harvey Oswald desde el almacén de libros y un segundo tras la valla del montículo de césped del Dealey Plaza, y que ésto apoyaba la teoría de la conspiración, también apunta que podría ser factible que existieran dos asesinos que intentaron matar al ya mítico –o mitificado– presidente ese mismo día, sin tener conocimiento el uno del otro. Algo realmente forzado y poco convencional.

> ● *Oswald, según la "Comisión Warren", asesinó al patrullero J. D. Tippit, aproximadamente 45 minutos después del asesinato de Kennedy, lo que refuerza su culpabilidad en el caso.*

Una de las pruebas concluyentes en las que la comisión basó la culpabilidad de Oswald, fue sin lugar a dudas, que Lee habría asesinado al agente J. D. Tippit cuando éste intentó detenerlo. Pero, ¿en qué basó la Comisión la culpabilidad de Oswald en relación con el asesinato del agente de policía?

Cuando la seguridad de Dallas analizó la escena del crimen, encontró cuatro casquillos de bala pertenecientes a un arma automática; de hecho, los primeros informes hablan de manera sobradamente contundente de la vinculación de este tipo de arma en el asesinato de Tippit. Sin embargo, cuando Oswald fue arrestado, no se le encontró un rifle automático, sino un revólver que, a diferencia de un arma con cargador, no expulsa los casquillos sino que éstos permanecen en el tambor.

Es más, cuando se le realizó la autopsia a Tippit, se determinó que los cuatro proyectiles hallados en su cuerpo correspondían con los casquillos encontrados, aunque para añadir más misterio al asunto, de las cuatro balas, tres habían sido fabricadas por una empresa diferente a la de la cuarta, lo que implicaba la vinculación de un segundo tirador en la escena del crimen, y nos llevaría de nuevo a verificar la versión de la testigo del tiroteo Acquilla Clemmons, quien declaró haber visto a dos personas junto a Tippit en el momento de los disparos, que huyeron en direcciones opuestas.

Imagen de la autopsia del cráneo de Kennedy después de extraerse el cerebro. El motivo no era otro que observar la trayectoria de la bala.

Para la comisión, esta declaración no debió de tener importancia, puesto que jamás llamó a declarar a la Sra. Clemmons. Sin embargo sí llamó a testificar a una persona que se contradijo infinidad de veces en sus declaraciones, y a la que la investigación del gobierno declaró como la mejor de las manifestaciones para culpar a Oswald por el asesinato de Tippit.

El nombre de la testigo era Helen Markhman; según su declaración, ésta se encontraba en la escena del crimen cuando el agente fue asesinado y afirmó haber visto al culpable, al que identificaría en una rueda de reconocimiento, señalando a Lee H. Oswald como el autor del mismo.

En el informe se ofrece una entrevista a la señora Markhman como prueba concluyente para la culpabilidad del satanizado Oswald.

Empero, en la misma, el abogado William Ball debe preguntarle seis veces si reconoció a alguien en la citada rueda, a lo que la testigo respondió las seis veces negativamente, no siendo hasta la séptima pregunta:*"¿Había un hombre con el número 'dos'?"*, a lo que la testigo responde: *"el número dos fue el que yo escogí"*.

¿Cómo es posible que la comisión se base en una declaración tan vaga para acusar a Oswald, y no tenga en cuenta las manifestaciones de la Sra. Clemmons, o la de otros testigos que se negaron a reconocer a Oswald como autor del asesinato de Tippit?

Otro detalle curioso lo encontramos en el testigo que afirmó ver cómo Oswald se refugiaba en el cine "Texas". Según éste, el inculpado iba vestido con una chaqueta, pero si atendemos a las declaraciones de la policía de Dallas, la "americana" del asesino de Tippit fue encontrada en las inmediaciones del lugar del asesinato del agente de policía.

¿Suplantaron a Oswald en algún momento?

ENTRE LOS DETALLES MÁS SIGNIFICATIVOS que planteó Garrison, se encuentra la increíble pregunta de si existieron "dos Oswald". Para ello J. Garrison expone algunos detalles fácilmente verificables:

1. Alguien llamado Oswald compró en Nueva Orleans el 20 de enero 10 furgonetas para una organización llamada "Amigos de Cuba Democrática", tres meses antes de la desastrosa operación de Bahía de Cochinos. Para esa fecha Lee H. Oswald se encontraba en Rusia.

2. Según un informe de la CIA un mes de antes de los atentados Oswald acudió en varias ocasiones a la embajada de Rusia en México. Cuando fueron presentados estos papeles a la "Comisión Warren", les mostraron la foto de un tipo gordo y canoso.

3. Cuando detuvieron a Oswald, hallaron en su poder una tarjeta de identificación a nombre de Alex James Hidell, siendo esta tarjeta la que le vinculaba con el rifle encontrado en la sexta planta del edificio del Almacén de Libros. ¿Para qué necesitaría una doble identidad?

4. Según consta en todos los documentos de Oswald, es decir su pasaporte, su tarjeta de identificación del Ministerio de Defensa, etc, Oswald medía 1,80 m; sin embargo la comisión dejaba claro en su informe que Oswald medía 1,75.

5. Kerry Thornley, un compañero de Oswald en la base de Marines de *El Toro*, fue el único que manifestó que era un buen tirador, declarando además a la Comisión que medía 1,65, y que de los dos él era el más alto. Aún así todo el que los conocía afirmaba que Oswald era más alto que Kerry. Kerry Thornley medía 1,75.

Aunque las conclusiones a las que llegó Jim Garrison sirvieron para esclarecer algunos de los puntos oscuros de la investigación oficial, y sobretodo, para enseñar al público la importante "filmación Zapruder" y reseñar en ella el movimiento hacia atrás y a la izquierda tras el tercer disparo, así como evidenciar la posible vinculación de Lee H. Oswald con agencias como la CIA, o el FBI, Garrison no consiguió por los medios legales la proclamación de que Kennedy había sido asesinado como producto de una conspiración, y que Oswald fuera agente del gobierno[3].

No obstante, lo que Jim Garrison sí consiguió fue dar un importante impulso a la teoría conspirativa y que infinidad de personas siguieran escudriñando en el caso hasta la fecha actual, siguiendo siempre su línea de investigación.

Detalles significativos

LAS INVESTIGACIONES QUE SE DIFUNDIERON a posteriori de las indagaciones de Garrison, han arrojado más luz. Los detalles más significativos se han extraído de diversas fotografías y de la "filmación Zapruder".

Mary Moorman, autora de una de las mejores imágenes del atentado.

En dicha grabación existen dos detalles a tener en cuenta y que nunca han sido resueltos con determinación:

— En el fotograma 228 de la filmación aparecen dos personas conocidas como "hombre del paraguas" y "hombre de piel Oscura".

---

[3] Garrison llevo a juicio a Clay Shaw por su presunta vinculación con la CIA y Oswald. Aunque el jurado se inclino a favor de la inocencia de Shaw, en años posteriores se demostraba que esta vinculación era real.

En ese momento aparece con dicho objeto abierto mientras pasa la comitiva, pese a que el Sol luce con esplendor. El otro permanece constantemente con el brazo levantado sin inmutarse por los disparos y el impacto en el presidente. Ambos personajes jamás han sido identificados, aunque en la década de los setenta del pasado siglo apareció un personaje que decía ser el "hombre del paraguas". Declaró que no había salido a la luz por temor a ser ridiculizado. El motivo que dio para tener el mismo abierto fue realmente absurdo: afirmó que lo mantuvo para hacer aspavientos cuando pasara el presidente y así llamar su atención. Sin embargo, en la película Zapruder se observa que este hombre, Louis Steven Witt, jamás hizo esa clase de ademanes.

¿Eran estas dos personas las encargadas de señalar al tirador o tiradores que JFK había sido alcanzado, o si necesitaba aún otro disparo para acabar con su vida?

– También aparece una mujer a la que se denominó "Babushka Lady". Debido al pañuelo de su cabeza, jamás se pudo averiguar quién era, pero sí se observa cómo este personaje realiza una filmación con una cámara similar a la de Zapruder, desde el lugar opuesto a éste, es decir, filmó el Almacén de Libros a la llegada del presidente, y posteriormente, en el disparo fatal, el montículo de hierba y la valla de donde se asegura provino el tercer disparo.

¿Por qué nunca ha aparecido dicha testigo ni su filmación? Y lo más importante: ¿qué aparecería en la misma? En esas fechas en que apareció el "hombre del paraguas" el investigador Gary Shaw descubrió a una señorita que afirmó ser "Babushka Lady". Según dijo, cuando el lunes siguiente al 22 de noviembre fue a trabajar, dos hombres, que se identificaron como miembros del servicio secreto, le requisaron la película. Posteriormente ésta reconocería a un agente del FBI, Regis Kennedy, como uno de ellos. La comisión nunca llamó a Beverly Oliver –tal era su nombre– a declarar, y jamás se ha recuperado esa película. En la actualidad el hijo de Beverly Oliver tiene interpuesta una demanda contra el Gobierno para que le devuelvan la cinta que hace ya más de tres décadas le fue requisada a su madre.

Fotografía Moorman.

Otros detalles importantes se han descubierto en las fotografías de Mary Moorman[4] y James W. Altgens[5].

En la primera de ellas, los investigadores han identificado la silueta de lo que parece un agente de la ley, debido a la insignia que aparece en el brazo y pecho de la figura. Éste se encontraría tras el muro del montículo de césped. En la misma instantánea, justo a la izquierda del muro, en la valla de madera de donde muchos oyeron el disparo fatal, se observa una diferencia en la tonalidad que ofrece el Sol al incidir en la pared. Esto podría denotar la presencia de alguien tras la misma.

En la foto de Altgens se observan las reacciones de los agentes del servicio de seguridad entre el primer y segundo disparo, pero lo real-

_____

4 Fotografía página 86.
5 Fotografía página 87.

mente curioso es lo que los investigadores han identificado como una persona tras los barrotes de una ventana del edificio que se observa al fondo. Si ésta hubiera sido la causante de alguna de las agresiones[6] se aclararían muchas incógnitas como el disparo perdido

Fotografía Altgens. Detalle.

que hirió a James Tague en la mejilla a la altura del tercer paso de ferrocarril.

¿Por qué matar al presidente Kennedy?

Si LAS PRUEBAS INDICAN QUE OSWALD no fue más que un "cabeza de turco", que no actuó solo, que incluso pudo no ser el asesino, y que por tanto existió una conspiración, ¿quién podría tener interés en acabar con la vida de JKF?

La clave la encontramos en la política que había llevado el presidente y cuáles eran sus intenciones de cara a la reelección.

---

[6] Según los investigadores, la posición, de ser un espectador, es muy forzada y con obstáculos, cuando justo a su derecha se encuentra una ventana con mejor visión para observar al presidente.

El 26 de noviembre de 1963, pocos días después de la muerte de Kennedy, el vicepresidente Lyndon B. Johnson firma el "Memorando 273", que cambia drásticamente la política de éste y aprueba la guerra encubierta con Vietnam del Norte, lo que inevitablemente provoca el incidente del Golfo de Tunkín.

Según el ex Coronel de la Fuerza Aérea Fletcher Prouty, el cual aportó gran documentación a la comisión que reabrió el caso en 1994 —después de la polémica levantada por Oliver Stone con su película "JFK"–, el presidente Kennedy tenía la firme intención de retirar sus tropas de Vietnam después de ser reelegido en 1964,

El entierro de John Fitzgerald Kennedy.

puesto que según le informaba su secretario de Defensa R. McNamara, las cosas allí no pintaban todo lo bien que aparentaban.

Antes del fatídico 22 de noviembre, el citado McNamara ya poseía documentos que planteaban esta decisión del presidente. Sin embargo, el 2 de diciembre —diez días después del asesinato de Kennedy–, llegan a manos de éste informes que se refieren al Estado

Mayor y del General de la División Krutack, en los que se asegura que la situación en Vietnam del Sur obliga a una mayor presión sobre su vecino del norte, lo que posteriormente provocaría la Guerra de Vietnam. Es decir, en sólo unos días se había pasado de una inminente retirada de las tropas, a una mayor presión para enfrentar al enemigo.

¿Cuál es el motivo para este cambio tan drástico en la política planteada por Kennedy unos meses antes?

La respuesta es sencilla, dinero. Al fin y al cabo, el poder económico que ostenta la mayor potencia del mundo se ha conseguido a base de enfrentamientos armamentísticos.

Fabricantes de armas y tecnología militar, compañías petrolíferas, el Pentágono, contratistas, banqueros... y un largo etcétera, tendrían interés en una inminente guerra, y Kennedy no era partidario de este tipo de enfrentamientos; lo demostró más de una vez. Con la desastrosa operación de Bahía de Cochinos, donde comenzaron las enemistades de la CIA con el presidente, pues murieron decenas de sus agentes, y posteriormente la brillante actuación del conflicto de misiles en Cuba, donde se evitó el conflicto armado, Kennedy comprendió que el diálogo era mejor respuesta que el fuego armado.

De hecho éste sólo destinaba dinero a los municipios fieles, ofreciendo incluso los contratos del caza *TFX* o *F111B* únicamente a los condados decisivos para las elecciones de 1964, o incluso más aún, destinando infinidad de fondos del Estado a la carrera espacial que prometió para llevar un hombre a la Luna.

Por lo tanto Kennedy no era una buena "inversión" para determinados sectores económicos del país, y debía ser apartado de su reelección a la presidencia de los Estados Unidos. Quién dio la orden de asesinar al presidente, o quién apretó el gatillo, es un misterio que se ha desvanecido en el aire, y que probablemente nunca sabremos.

La investigación en la actualidad

Después del estreno de la polémica película de Oliver Stone en 1991, mucha gente, entre ellos varios políticos americanos, quedaron indignados al comprobar que en la actualidad siguieran clasificados documentos relativos al asesinato de JFK. Todo ello fue provocado debido a un rótulo que aparecía al final de la película, en la que se señalaba que varios informes de la última investigación, la de 1974-1979, habían sido clasificados como alto secreto y no verían la luz hasta 2029. Ésta concluyó que era probable que existiera algún tipo de conspiración en el asesinato del presidente, e instaba al Departamento de Justicia a realizar una futura investigación sobre el asunto. Tras esto, un grupo de estudiosos y políticos consiguieron que se creara una nueva Agencia Federal, denominada "Junta de la Revisión de los Archivos del Magnicidio", la cual desclasificó parte de estos documentos, descubriendo cosas más que interesantes.

Algunos de los nuevos expedientes apuntaron hechos tan sorprendentes como un informe desclasificado gracias al esfuerzo de Anna-Marie Kuhns-Walko, relativos a unas fichas de la policía de Dallas, donde se establece claramente que, en el almacén desde donde supuestamente Oswald disparó al presidente, sólo se encontraron dos casquillos de bala y no tres como indicó la "Comisión Warren". Por lo tanto alguien debió de colocar un tercer casquillo en la sexta planta[7], lo que probaría definitivamente que sí existió una conspiración.

David Heylen Campos

---

[7]   O por qué no, puestos a plantear incógnitas, todos los casquillos.

"Cuando los que mandan pierden la vergüenza,
los que obedecen pierden el respeto"
Anónimo

CAPÍTULO 4

La vergüenza del "oro nazi"

TRAS FINALIZAR UNO DE LOS SUCESOS más cruentos de la historia, la Segunda Guerra Mundial, todos pudimos presenciar imágenes que sólo tenían cabida en las peores pesadillas de los más desequilibrados. Conocimos de primera mano sus métodos de exterminio y cómo lograron amasar una gran fortuna en un breve espacio de tiempo. Entre esa gran fortuna se encontraba el denominado "oro nazi", una fortuna manchada de sangre. Décadas más tarde el horror se ha convertido en un velo de vergüenza con el que países como Suiza, Argentina, España e incluso el Estado Vaticano quieren cubrir sus más deplorables actos. Una "dorada" colaboración en la sombra con el régimen de Hitler.

POCO A POCO LA CONSIDERABLE HABITACIÓN se va llenando con los cuerpos de los desafortunados judíos que acabaron en los campos de concentración. Antes habían sido cacheados, despojados de pertenencias como anillos, relojes o pendientes para luego desnudarlos a todos. Muchos podían imaginarse que su final estaba muy cerca, y los más esperanzados pensaban que no sería más que otra experiencia desagradable que tendrían que soportar, una vejación más que añadir a los que sus captores creían una raza miserable.

En unos pocos minutos llenos de angustia, los gritos de las personas en el interior de las cámaras dejan de oírse, dando paso a un vergonzoso silencio. Las puertas se abren, y sobre los cuerpos desnudos y sin vida tendidos en el suelo, comienzan a pasar los miembros de una unidad especial, equipada con máscaras de gas y trajes aislantes, abren la boca de las víctimas y empiezan a arrancarles las pocas posesiones que les quedaban; sus dientes de oro y todo lo que puedan encontrar. En los trajes de esta unidad se observa un símbolo que hasta esos fatídicos años había pasado inadvertido para la mayoría de la población: la esvástica.

Quizás fue así como sucedió o quizás no, pero de lo que no cabe duda alguna es que la Alemania nazi iniciaba el holocausto con los judíos, y al mismo tiempo sus arcas comenzaban a elevarse por las nubes. Esta evidentemente no era la única manera de obtener su oro, pero sí la más vergonzosa. Otros "patrimonios" los obtenía de la ocupación de territorios Europeos anexos a Alemania que poco a poco caían bajo su yugo inquisidor, siendo al mismo tiempo saqueados.

Sin embargo, aunque la única culpable y responsable de esta masacre fue Alemania, hoy, más de cincuenta años después y gracias a la liberación de unos documentos llamados "Actividades Objetables de Suiza en representación de los Nazis y el III Reich" el público en general ha podido comprobar que un elevado número de países, la mayoría europeos, contribuyeron a que ese oro fuera convertido en activos para los intereses de Hitler, siendo la neutral banca suiza el principal intermediario y eje conductor para llevar a cabo este blanqueo de capital.

El oro manchado de sangre era ingresado en las arcas con el fin de transformarlo en activos para sufragar los gastos deducidos de la guerra y modernizar y costear el arsenal bélico alemán.

Además de esto, el banco suizo, no quedándose contento con esta política encubierta que dejaba de manifiesto sus más que "estupendas relaciones" con el gobierno alemán durante la guerra, comenzó a ocultar las cuentas de miles de judíos que fallecen en los campos de concentración.

En la actualidad, y gracias al trabajo desarrollado por la "Comisión Volker", se sabe que el total de estas cuentas encubiertas —que en estos momentos se encuentran "dormidas"— ascienden a un total de 54.000, pudiendo incluso ser aún mucho mayor[1].

La comisión se fundó en 1996 con motivo de investigar los cientos de denuncias expuestas contra los bancos suizos por la apropiación indebida de miles de cuentas de judíos fallecidos tras el holocausto. Al frente de la misma —formada por 10 miembros— se encontraba Paul Volker, ex presidente de la Reserva Federal de Estados Unidos. Debido al escándalo suscitado, el gobierno suizo decidió correr con los gastos que ocasionara la investigación de la "Comisión Volker" durante los tres años que duró la misma.

En 1998, y tras las presiones de los denunciantes, compuestos principalmente por herederos y familiares de los judíos propietarios de dichas cuentas, el colectivo consigue que la comunidad judía sea indemnizada preventivamente con 1.250 millones de dólares[2]. Tras

---

[1] *El Clarín Digital*, edición del 7 de diciembre de 1999.

[2] Pago que realiza la banca suiza privada, que de esta manera empezaba a resarcirse de lo que décadas antes había realizado.

este objetivo cumplido, con mayor tranquilidad y sin presiones, en 1999, expone los resultados de su investigación presentando argumentos que no deja de ser interesantes... a la vez que vergonzosos para la humanidad.

Logró identificar un total exacto de 53.886 cuentas. Sin poder llegar a dilucidar el ascendente total en las mismas, la comisión sí expone que de éstas, casi la mitad –25.187– pertenecen a titulares que ayudaron a los nazis, ascendiendo el importe de algunas de éstas a cientos de millones de dólares.

La "Comisión Volker" dejaba de esta manera en evidencia a los todopoderosos imperios bancarios, quienes argumentaron en su momento que ya no quedaban vestigios de aquellas cuentas. Además recomendó al Órgano Regulador de la Actividad Bancaria en Suiza –quien se encargarían de proseguir las investigaciones–, que se hicieran públicos los nombres de los titulares de esas 25.187 cuentas, para pedir explicaciones y emprender acciones legales contra los mismos.

Descubierta ya la conspiración de la banca en lo relacionado con su presunta colaboración con el gobierno del III Reich, queda por dilucidar qué papel cumplía ese oro en las arcas suizas; la respuesta a esa pregunta engloba un importante número de países europeos, que bajo el adjetivo de "neutrales" conspiraron para beneficiarse del oro nazi.

Conspiración europea

PORTUGAL, TURQUÍA, SUECIA, ARGENTINA, ESPAÑA e incluso el Estado Vaticano se encuentran implicados en una oscura trama conspiranoica para ocultar y salir beneficiados de las rutas que tomó el citado oro.

Teniendo en cuenta que la banca suiza fue una especie de lavadora de los activos alemanes, es lógico pensar cuál fue el papel de los países del viejo continente en lo relacionado con este asunto: la venta de materiales para la guerra recibiendo en pago parte del oro.

Lingotes del oro nazi en uno de los bancos de Suiza.

Datos e informes recientemente desclasificados —y otros que trataron de ser destruidos por parte del *Unión Bank*— demuestran que la España de Franco, entre otros, estuvo fuertemente implicada en la ruta del Oro Nazi, y que esta proporcionó materiales vitales a Alemania a cambio de parte del preciado mineral.

En 1997 el guarda de seguridad Christoph Meili del *Union Bank* de Suiza, sacaba a la luz unos informes que rescató de una máquina trituradora de papel en el citado organismo[3]. En los mismos dejaba entrever la vinculación del Gobierno y la banca con el tráfico de oro obtenido de forma poco heterodoxa. En los mismos se citaba el nombre de otros países colaboradores, entre ellos España. Estos documentos, unidos a los encontrados en la antigua estación de trenes de Canfranc (Huesca), no dejaban lugar a dudas de la vinculación del gobierno franquista con el ejército del III Reich.

En una fría mañana de diciembre de 2000, un conductor de autobuses y guía turístico de origen

Lingote de oro nazi y diferentes detalles del mismo.

---

[3] Diario *El Mundo*, 19 de agosto de 2001.

francés, Jonathan Días, tuvo la suerte de tropezar en la antigua estación internacional, ya en desuso, con unos documentos que dejaban constancia del tráfico por la estación fronteriza de unas 86 toneladas de oro, 74 de ellas con destino a Portugal y el resto, unas 12 toneladas para España.

La procedencia del mismo no era otra que Suiza, tal y como confirmó en su momento a diferentes medios de comunicación Daniel Sánchez, actualmente fallecido, pero que recordó muy bien cómo

Imagen de la estación de Canfrac, donde se descubrieron varios documentos reveladores sobre la ruta del oro nazi y la implicación española.

"traspasó" desde camiones y trenes suizos cajas que contenían lingotes de oro: *"Yo he llevado mucho oro. Venía en cajitas de 20 a 25 kilos, en lingotes pequeños, cuatro o cinco en cada caja. Pero lo mismo descargabas oro que latas de sardinas"*, comentó el citado Sánchez al rotativo *El Mundo*[4] poco antes de fallecer.

---

[4] Edicion del 19 de Agosto de 2001.

Pese a que el contrabando de oro en la estación fronteriza de Canfranc era un secreto a voces, aún en la actualidad muchos de los vecinos de la localidad se niegan a hablar o a dar detalles de lo sucedido; por fortuna los recuerdos de Daniel Sánchez fueron tan lúcidos que nos permiten hacernos una idea de lo importante que era el contrabando de oro. Constancia de ello dejó en diferentes entrevistas que el mencionado diario llevó a cabo. *"Lo del oro comenzaría en el '40 ó 41', y no paró hasta el 45. Venían uno o dos cargamentos por semana. La procedencia del oro era Suiza. Al principio era sólo controlado por carabineros franceses y españoles. Pero en los últimos años de la guerra los chicos de la cruz gamada se instalaron en el pueblo para controlar los cargamentos".*

Los datos que aportó Sánchez, no sólo coincidían con las fechas halladas en los documentos de Canfranc, sino también con los recuperados de los bancos suizos y los desclasificados por otros países implicados.

Jonathan Días, descubridor de los documentos de la estación oscense, reveló que en los

Interior de la estación, mostrando su actual estado.

mismos no sólo se hablaba del oro nazi, sino de otros traspasos tales como wolframio, hierro, relojes, alimentos, maquinaria e incluso un cargamento de opio con destino a España. Pero es en el primero, el wolframio, donde el gobierno alemán tenía sus mayores intereses en el país hispano.

Que las arcas del gobierno español se llenaron durante los años más álgidos de la guerra, ya no es un secreto; 49 millones de dólares a finales de 1939, 124 millones en 1945. Estos datos hicieron que el Departamento de Estado Norteamericano, realizara una investigación de las arcas españolas después del conflicto, llegando a la conclusión de que España compró oro al gobierno alemán por valor de 140 millones.

El misterio de este sustancial incremento se hallaba en las ventas de wolframio, un material indispensable para el blindaje de los carros de combate.

España era uno de los mayores exportadores de este material por aquel entonces, y durante la guerra mantuvo el precio del mismo en el mercado a un coste muy elevado para las ventas legales, pero a su vez contrabandeaba con éste a través del mercado negro en Portugal, donde el precio se situaba treinta veces por encima de su valor real, recibiendo a cambio el oro que probablemente había sido expoliado a los judíos y que Alemania había dispuesto en el país luso para su blanqueo.

Los aliados contraatacaron tratando de ser los únicos exportadores de wolframio. No obstante, previendo su estratagema, Franco volvió a situar el precio del Wolframio en el mercado a su valor real. Sin embargo los aliados, no contentos con la situación, decidieron en 1943 realizar un bloqueo a España, no suministrando petróleo y dejando de comprar materias primas como el trigo. Ante tales medidas de presión, Franco decidió poner fin a sus transacciones con Alemania, dejando de suministrar el valioso material.

Además de éste España también colaboró con la nación germana en la ocultación y protección de teutones exiliados a lugares que tenían la protección de un país neutral como el nuestro. Pruebas de ello las expone la periodista Mariló Hidalgo[5,] quien

[5] Revista mensual *Fusión*, 15 de mayo de 2001. (www.revistafusion.com)

afirma que personajes como Hauke Bert Pattits Joustra, de 77 años de edad y miembro de las *SS*, o Wolfgang Juglar, escolta personal de Hitler, residen actualmente en España; el primero en Oviedo y el segundo en Marbella. También colaboró en la exportación de oro a Argentina, país que tenía buenas relaciones con Alemania y que acogió a diferentes militares nazis que fueron perseguidos al finalizar la guerra.

A la conclusión de la contienda, los aliados, reparando en el papel jugado por España durante la misma, decidieron pedirle cuentas al gobierno. Sin embargo España consiguió salir airosa de sus proble-

Imagen del encuentro entre Hitler y Franco el 23 de octubre de 1940.

mas, entregando parte del botín obtenido —así como el perdón de Washington— a cambio de la apertura de bases militares estadounidenses en la Península Ibérica. El escritor Pablo Martín Aceña afirma que 38 lingotes que aún tienen la esvástica sellada, permanecen hoy en día en el Banco de España.

El papel jugado por otros países europeos es muy diverso; entre todos ellos, además de España destaca Portugal, la nación que después de Suiza más oro alemán poseyó en sus arcas. Los historiadores afirman que los gobernantes suizos pagaron importantes cantidades de oro que cruzaron las fronteras de España en camiones con la bandera helvética, a cambio de alimentos y tungsteno, un material empleado en la construcción de tanques. Los cronistas no se aclaran en la cantidad, pero estiman que el total podría estar entre las 100 y las 150 toneladas de oro. Incluso se ha confirmado que 50 kilos del oro nazi, procedentes de la Casa de la Moneda prusiana fueron ingresados en las cuentas del Santuario de la

Algunos miembros de los terribles *Ustasha*.

Virgen de Fátima. Lo más sorprendente es que las autoridades lusas descubrieron el hecho en 1976, pero lo ocultaron hasta que en 2000 saltó a la opinión pública este escandaloso suceso. En una entrevista al actual rector del santuario, Luciano Guerra, para el diario *El País*, reconocía la existencia de los lingotes, aunque afirmó desconocer su procedencia o por qué la Iglesia los recibió. *"El oro pasó a nuestra cuenta, pero desde 1970 se perdió cualquier rastro".* Algunos investigadores plantean si Salazar, en su mandato, habría podido utilizar el enclave mariano con consentimiento de los bancos y las entidades religiosas para "limpiar" el oro de sus cuentas.

Así, de todos los países que contribuyeron en parte a la causa alemana con la única intención de salir beneficiados económicamente, el más amoral y deleznable, es sin lugar a dudas el omnipresente Estado Vaticano.

El oro de los Papas

En 1998, la Secretaria de Relaciones Internacionales de los Estados Unidos, emitía un informe en el que involucraba al Estado Vaticano en la posesión y contrabando del preciado mineral en 1945, así como el encubrimiento de personajes perseguidos por el bando aliado.

Pese a las denuncias de los familiares de los asesinados, el Vaticano, además de haber negado tales acusaciones, se ha opuesto a dar acceso a sus archivos a los investigadores del caso.

Las evidencias encontradas que lo implican, sugieren que el botín de los *Ustasha*, un grupo croata pronazi y clerofascista durante la guerra, fue llevado al Vaticano por sacerdotes católicos para posteriormente ser utilizado para proteger y ocultar a criminales de guerra en Sudamérica.

En lo más duro de la guerra éstos exterminaron unos 700.000 serbios judíos y gitanos tras robar sus pertenencias.

Una de las principales pruebas que culpan al "banco de Dios" es sin lugar a dudas la imagen del padre Draganovic. Este fraile franciscano, un alto oficial de los *Ustasha* encargado de la conversión mediante la fuerza de los serbios, fue trasladado gracias a un arreglo en 1943, donde sirvió en un seminario de monjes croatas que según se especula pudo ser un centro clandestino de las actividades de esta sociedad. Desde ahí los criminales de guerra *Ustasha* fueron provistos de apoyo para escapar con pasaportes de identidad falsos, utilizando vías de escape creadas por los sacerdotes católicos.

En la actualidad muchos historiadores plantean que éstos lograron escapar con la ayuda de la Iglesia a lugares como Argentina, simpatizante de la Alemania nazi, que recibió importantes cantidades de oro procedentes de bancos suizos y exportado desde puertos españoles.

Otros documentos hallados dejan constancia de cómo miembros de los *Ustasha* vivieron en el Vaticano y en la residencia veraniega de Castel Gandolfo, así como pruebas que sitúan a componentes de la organización conduciendo coches oficiales de dicho Estado.

El investigador Álvaro Baeza en su libro *El oro del III Reich. Vaticano, nazis y judíos*, recoge cómo al ser capturado el fascista Adolf Eichman confesó con todo lujo de detalles que el Vaticano había creado una red clandestina pagada con oro nazi, probablemente de los *Ustasha*, para secretamente recolocar a 435.000 criminales de guerra en toda América en una fecha inferior a diez años. Fue interrogado uno de los implicados por el citado Eichaman, el Arzobispo Hudal, quien declaró que no podía recordar con detalle todo aquello, afirmando que había ayudado "cristianamente" a muchas personas y que esos asesinos pudieron ser muchos de aquellos, pero que la información no aparece en los informes vaticanos.

Al final la sangre con la que está manchado el enigmático oro, ha salpicado a distintos países declarados neutrales, e incluso a algunos que participaron en la contienda como aliados, pero eso es otra historia que no merece ser removida ahora. Quizás muy pronto la Iglesia se decida a mostrar unos documentos terribles, y los bancos suizos a abrir el secreto para que los fallecidos y sus familiares puedan descansar en paz, y los demás limpiar sus conciencias de un acto sin duda infame para la humanidad.

CAPÍTULO 5

Hindenburg, el "Titanic" del cielo

¿QUÉ CAUSÓ LA EXPLOSIÓN DEL DIRIGIBLE ALEMÁN? La fatídica tarde del 6 de mayo de 1937 la ciudad de Nueva Jersey se vio sacudida por un increíble desastre aeronáutico, un accidente que marcaría un antes y un después en la historia de la aviación. El *Hindenburg*, el descomunal dirigible orgullo de Alemania, se consumía entre las llamas en apenas unos segundos, ante los ojos atónitos de decenas de personas. Para muchos de ellos su final estaba pronosticado...

EL MES DE MAYO DE 2002 se cumplía el 65 aniversario de una tragedia que seis décadas después sigue sin tener explicación. La explosión del gran ingenio alemán continúa despertando hoy en día la curiosidad de muchos, dando pie durante todos estos años a nuevas teorías que intentan ofrecer solución a uno de los misterios más investigados de la historia. Desde la prestigiosa *National Geographic* hasta ingenieros de la NASA, han propuesto sus teorías; una conspiración para desprestigiar al gobierno alemán que acabó en un sabotaje fallido, una catástrofe que fue pronosticada varios días antes, o simplemente una cadena de circunstancias accidentales que culminaron en un fatal desenlace, son algunas de las tesis propuestas, pero ninguna es definitiva. Robert de Lamennais dijo una vez: *"El pasado es como una lámpara que se coloca a la entrada del porvenir"*. Remontémonos pues al pasado del mayor dirigible de la historia.

El accidente del Hindenburg estremeció a un mundo no acostumbrado a contemplar grandes desastres en imágenes. El colosal dirigible se consumió entre las llamas en apenas unos segundos.

El nacimiento de los dirigibles

LA CONSTRUCCIÓN DEL HINDENBURG fue el producto de una larga cadena de éxitos conseguidos por el ingeniero alemán y ante todo hombre de negocios, Ferdinand Von Zeppelin, y aunque no fue Alemania la primera nación en fabricar dirigibles, ya que antes lo había hecho Francia en 1852, sí fue la primera en mejorar su diseño e impulsar los vuelos de estos increíbles globos de hidrógeno hasta cotas insospechadas.

El primer uso que hizo Alemania de los dirigibles fue en 1914 durante la Primera Guerra Mundial. Por aquel entonces eran utilizados para arrojar bombas sobre países europeos. Sólo en Londres fueron expulsadas por estas máquinas del aire más de 200 toneladas de explosivos. Sin embargo, con el progreso de la ingeniería bélica, los dirigibles se convirtieron en presa fácil de los aviones o artillería de tierra, ya que un sólo impacto en el fuselaje de los mismos los hacía arder en sólo unos segundos debido a lo inflamable que resulta el hidrógeno.

El dirigible *Graff Zeppelin*.

Acabada la contienda, Alemania siguió construyendo zeppelines —entre ellos los *ZR-3*—, dirigidos a la armada americana como pago por indemnizaciones en la guerra. Pero no sería hasta 1928 que se construyera el dirigible de pasajeros más grandioso hasta ese momento, un anticipo de lo que estaba por venir. Se trataba del *Graff Zeppelin*, un dirigible de 236 metros de largo que podía transportar 20 pasajeros y unas 12 toneladas de peso a una velocidad de 95 km/h. Además lo impecable del *Graff* eran las estadísticas de vuelo. A finales de 1936 había cubierto más de un millón de kilómetros, habiendo completado más de 16.000 horas de vuelo sin registrar un solo accidente en un total de 576 viajes. De esta manera Alemania se estableció como la potencia aerotransportada después de los fracasos americanos o los intentos infructuosos británicos con sus series *R-101*.

El destino predilecto del *Graff* fue Brasil, pero en poco tiempo cubrió tanto al norte como al sur de América, haciéndose con el monopolio de los trayectos trasatlánticos por vía aérea.

La compañía *Zeppelin* quiso aprovechar este repentino e inesperado éxito, por lo que no tardó mucho en plantearse un nuevo proyecto: la construcción de un dirigible de mayores proporciones que cubriera la ruta entre Europa y Estados Unidos con principal destino en Nueva York. De esta manera nacería el mayor aparato que jamás haya surcado los cielos: el *Hindenburg*.

La construcción del coloso

EL HINDENBURG, NO SÓLO sería de mayores proporciones que su predecesor, sino que también era más rápido y más seguro. Para ello la compañía quiso dotar a su obra cumbre de una mejora en su tecnología, sustituyendo el hidrógeno por el helio, siendo menos inflamable éste último. Para ello cada celda tendría un compartimiento de hidrógeno en el centro, el cual estaría rodeado por el gas menos volátil, en este caso el helio.

Sin embargo esta innovación en la estructura del nuevo zeppelin nunca se pudo llevar a cabo por cuestiones políticas. El helio era, por aquel entonces, una materia muy difícil de conseguir, y el monopolio sobre el mismo lo tenía Estados Unidos, por lo que a los constructores alemanes no les quedó otro remedio que recurrir a su futuro enemigo para poder llevar a cabo las modificaciones del dirigible. En aquel año de 1933, Adolf Hitler se había erigido como canciller alemán sucediendo al senil Von Hindenburg. Con el comienzo de la persecución de la comunidad judía, el *fürher* se fue ganando la desconfianza de las grandes potencias. Por ello Estados Unidos, al

Comienzos de la construcción del Hindenburg.

recibir la petición germana, no le quedó otro remedio que denegarla con el pretexto de que no era posible saber si en algún momento el aparato podía caer en manos de la *Lutwaffe*, y emplearlo con fines armamentísticos.

Pese a estos contratiempos la construcción del coloso siguió en marcha, y pronto empezaron a hilarse los primeros entresijos que auguraban un mal destino para el gigantesco dirigible. Uno de éstos fue la adquisición, por parte de la fábrica alemana, situada en Frankfurt, de los restos del *R-101*, de manufactura británica, que se había estrellado en una ladera cercana de Beauvais, Francia, en 1930. Una macabra adquisición de materiales que fueron utilizados para la elaboración del futuro transatlántico aéreo.

A principios de 1936, el dirigible estaba terminado y fue bautizado con el nombre del anterior canciller alemán, el *Hindenburg*[1]. Este pequeño detalle molestó mucho a Hitler, que pronto tuvo que rendirse a la majestuosidad del artefacto. Pese a ello, jamás el dictador nazi se dirigió al zeppelin por su nombre; siempre lo señalaba como el *LZ-129*.

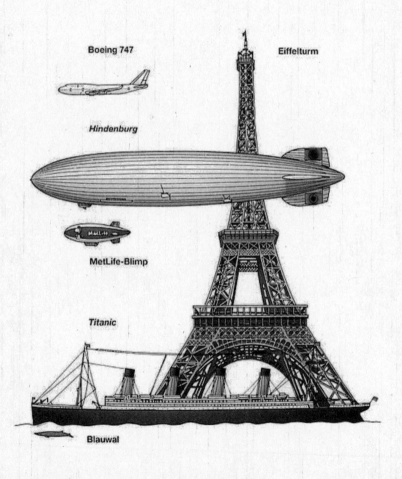

Boeing 747

Eiffelturm

Hindenburg

MetLife-Blimp

Titanic

Blauwal

DAVID HEYLEN CAMPOS

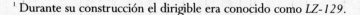

[1] Durante su construcción el dirigible era conocido como *LZ-129*.

Un hotel volante

EL ZEPPELIN ERA UNA OBRA COLOSAL. Con sus 249 metros de longitud y 38 de alto, era casi tan grande como el mismísimo *Titanic*, y al igual que éste último, poseía unas comodidades de enorme lujo para sus pasajeros. Un salón comedor y otro de lectura, una sala de fumadores completamente aislada e ignífuga, camarotes con duchas individuales, y una cubierta de paseo con vistas al exterior; y todo ello bajo 2.128.000 m³ de hidrógeno.

Instantánea tomada desde el aire que muestra el impresionante aspecto y tamaño del dirigible.

Con tal cantidad de material altamente inflamable sobre las cabezas de los pasajeros, el *Hindenburg* debía ofrecer unas altas medidas de seguridad, y en efecto así era.

Las cerillas y encendedores fueron confiscados a los pasajeros en el momento de embarcar; las pasarelas de acceso fueron recubiertas de goma con el fin de evitar que se produjera alguna chispa; los trabajadores que tuvieran acceso a las zonas de alto riesgo utilizaban botas de fieltro y trajes de asbesto, desprovisto de broches o cualquier elemento metálico. Incluso la presión del aire en los camarotes era suficiente como para expeler cualquier escape de hidrógeno.

Bajo tales medidas de seguridad, la compañía ofrecía viajes de largo recorrido que los aviones de la época no eran capaces de cubrir. Hasta mayo de 1937 el dirigible había realizado un total de 16 trayectos, de los cuales seis se realizaron a Río de Janeiro y el resto a Nueva York. El aparato empleaba para cruzar el Atlántico sólo dos días, y nunca había registrado un solo accidente, por lo tanto era lógico que, con tales referencias, muchos hablaran ya de que el futuro en los viajes transatlánticos pasaba irremediablemente por las "hélices" de los grandes dirigibles. De hecho ante las buenas expectativas que presentaba el mercado, la fábrica planeaba la construcción de un hermano gemelo del *Hinderburg*, que llevaría el nombre de *Graff Zeppelin II*.

El 3 de mayo de 1937, el gigantesco globo de hidrógeno partía de Frankfurt con destino a Nueva York, en el que sería el último periplo de su historia. Un vuelo que marcaría el final de estos artefactos como amos y señores del aire.

Viaje a una tragedia pronosticada

Días antes de la partida del Hindenburg con destino a Nueva York, empezaron a gestarse las primeras circunstancias extrañas en torno a la catástrofe.

El embajador alemán en Nueva York, el doctor Luther, había recibido una enigmática carta de una alemana expatriada que residía en Milwaukee. En la misiva daba a conocer al embajador que el Zeppelin sería destruído, producto de una bomba de relojería colocada por un terrorista. El Dr. Luther sin pensarlo dos veces y como medida de seguridad comunicó este extremo al Ministerio del Aire Alemán.

Sin embargo no serían los únicos signos que pronosticaban una tragedia irremediable.

El boxeador Max Schmeling era uno de los pasajeros que viajaría en aquel trayecto a New York, pero extrañamente y en una decisión de última hora, Max renunció a viajar para hacerlo en otro medio más rutinario y en el que emplearía muchísimo mas tiempo: el barco. También la historia de uno de los anteriores capitanes del dirigible, que

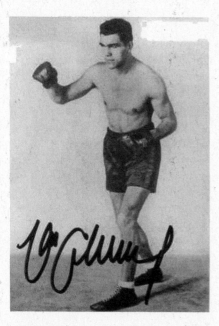

Arriba:
Ernst Lehmann.
A la izquierda:
el boxeador
Max Schmeling.

se encontraba a bordo en ese viaje, fue algo extraña. Según la rumorología la mujer del capitán Ernst Lehmann habría acudido a una clarividente en Viena para superar y buscar respuestas sobre el reciente fallecimiento de su hijo de 21 años. El resultado no pudo ser peor, puesto que la dotada le pronosticó que su marido fallecería en un zeppelin en llamas.

Pero sin lugar a dudas el hecho más extraño se produjo minutos antes de que el dirigible emprendiera su viaje.

Fritz Erdmann coronel de la *Luftwaffe* se encontraba a bordo, cuando minutos antes de la partida, sintió la ansiosa necesidad de despedirse de su mujer "por última vez".

Con todo en contra, el *Hindenburg* inició a las 20.00 horas su periplo hacia un viaje sin retorno, no sin antes realizar un minucioso control y registro del equipaje de mano de los viajeros por parte de oficiales de la GESTAPO, debido al aviso del cónsul alemán, el Dr.

**Un dibujo del interior del *Hindenburg*,
un lujoso hotel surcando los cielos.**

Luther. Sin embargo el "minucioso" registro del equipaje de los pasajeros no se realizó a todos por igual; aquellos que llegaban con retraso o los que llevaban diversas maletas como equipaje, pasaron sólo por un registro superficial, por lo que hubiera sido muy fácil introducir cualquier tipo de artefacto explosivo.

Llegados a este punto habría que plantearse cómo es que durante unos años en los que estaba gestándose una posible guerra, una de las unidades más importantes de seguridad —como la GESTA-

PO—, y teniendo en cuenta la información con la que contaban, no se llevó a cabo un concienzudo estudio de todo el equipaje así como del aparato, a pesar de que ello retrasara algunas horas el despegue del transatlántico.

¿Tendrían algún interés en provocar un enfrentamiento político entre dos naciones claramente opuestas tras hacer estallar el ingenio alemán en suelo americano? Hay quienes todavía hoy plantean esta

Maniobras de anclaje. Puede verse la cabina inferior del aerostato.

posibilidad, aunque la misma se caiga por su propio peso cuando se conoce el desenlace de la historia.

El día 6 de mayo a las 11.40 de la mañana, el gigantesco artefacto sobrevolaba la ciudad de Boston, tras dos días y medio de viaje cruzando el Atlántico. El trayecto se había prolongado aproximadamente unas doce horas más por culpa del viento en contra durante la travesía, por lo que la llegada al punto de destino se demoró. El dirigible debía aterrizar en la base naval de apoyo aéreo de Lakehurst, pero el mal tiempo no permitía llevar a cabo la delicada maniobra, por lo que el capitán Max Pruss decidió dar un rodeo a fin de distraer al pasaje. Sobrevolaron el Bronx, Harlem, Central Park, Time Square, y la Estatua de la Libertad.

A las 19.00 horas, los 249 metros del dirigible se acercaban al punto de atraque en Lakehurst. El prodigio volante estaba diseñado para que fuera enganchado por su parte delantera a un mástil, de modo que quedara siempre mirando en posición al viento. Cuando el *Hindenburg* se encontraba a poca distancia del mismo, comenzó a frenar, para luego arrojar los cabos al personal de tierra, de modo que éstos comenzaron con los trabajos de anclaje.

Abajo, el comentarista de una radio de Chicago Herb Morrison había acudido a Nueva Jersey para cubrir la retransmisión de la llegada del Hindenburg. Lo que Herb relató a las 19.25 horas entre lágrimas quedaría, sin que él pudiera imaginarlo, en los anales de la historia reciente: *"Se está deteniendo, los operarios han dejado caer los cables de anclaje y están siendo recogidas por las decenas de operarios en tierra. Está empezando a llover de nuevo...*

Su retransmisión del evento se convirtió en un documento histórico

Pero un momento... ¡Dios mío, está ardiendo! Cae sobre el mástil de amarre, ¡Es terrible! Es una de las peores catástrofes del mundo. ¡Oh, la humanidad y todos los pasajeros! Es una masa de humo y hierros. Yo... no puedo continuar... lo siento...".

Las llamas habían comenzado desde la cola hacia delante, y en apenas 33 segundos, sólo era visible un amasijo de acero envuelto en llamas; los mismos que ardían por segunda vez tras el accidente del *R-101*.

Milagrosamente —y de una manera que aún hoy es muy difícil de explicar—, de los 97 pasajeros 62 lograron sobrevivir al infier-

MICHAEL M. MOONEY

THE

HINDENBURG

Libro del Michal M. Mooney, quien expuso en el mismo la posibilidad de que la explosión del *Hindenburg* fuera producto de un atentado.

no de los miles de metros cúbicos de hidrógeno en combustión. Entre los 35 fallecidos se encontraba uno de los operarios de tierra, 19 tripulantes, 14 pasajeros, y como él mismo había imaginado, el coronel de la *Luftwaffe*, Fritz Erdmann. El anterior capitán del *Hindenburg*, Ernst Lehmann, fallecería dos días después...

Portada del periódico New York Times
al día siguiente.

Diversas teorías y ninguna explicación

Tras el accidente se llevó a cabo una investigación conjunta por los gobiernos de Estados Unidos y Alemania. En ella se llegó a la conclusión de que el origen de la explosión se había producido por causas meteorológicas y un conjunto de circunstancias desastrosas. Al parecer, el zeppelin, tras un brusco viraje durante el atraque, pudo dañar su estructura provocando una fuga de hidrógeno que habría ardido por la carga de electricidad estática conocida como "Fuego de San Telmo" acumulada en el mismo. El caso quedó de esta manera cerrado; en conclusión se trataba de un desastre, de una tragedia.

Los dos gobiernos querían zanjar el asunto cuanto antes; el americano, por no verse envuelto en un incidente internacional, y el alemán, simplemente por vergüenza.

Esta conclusión no satisfizo a nadie, y pronto se barajaron otras teorías. En noviembre de 2000 fue propuesta, por un antiguo trabajador de la NASA, Addison Bain una nueva hipótesis que según él mismo cierra el misterio. Addison afirma que la causa original del incendio se debió a la pintura que se utilizó para recubrir el dirigible. Según éste, la misma, compuesta a base de óxidos, acetatos y aluminio pulverizado no era otra cosa que una mezcla muy similar al combustible que se utiliza hoy en los cohetes. Según Bain, *"el Hindenburg había sido pintado con combustible de reacción"*.

El Sr. Bain piensa que el fuego comenzó producto de la acumulación de la carga estática producida por la tormenta en la superficie del aparato y su estructura. Sin embargo, cuando las cuerdas de amarre humedecidas por la lluvia estuvieron en contacto con la tierra se produjo una diferencia eléctrica entre la estructura y la superficie, lo que propició la gestación de la ignición.

Esto no explicaría las explosiones que algunos testigos, como los redactores del *New York Times*, afirmaron haber oído, o el por qué el fuego se había iniciado desde la parte trasera. Para ello se originó una teoría mucho más atractiva que si bien encaja a la perfección, jamás ha podido ser demostrada; una conspiración urdida para dañar el prestigio y el orgullo alemán.

Treinta y cinco años después de la tragedia el escritor Michael MacDonall Money, esgrimía la posibilidad de que un tripulante del *Hindenburg* pudiese haber colocado un artefacto explosivo. El nombre del terrorista era Eric Spehl, mecánico del zeppelin.

Al parecer Spehl, un joven con inclinaciones antinazis, habría colocado una bomba de relojería que destruyó el ingenio alemán. A fin de cuentas, acabar con el emblema y orgullo de la tecnología alemana, que incluso había promocionado la imagen de la esvástica durante los Juegos Olímpicos de 1936, sería un duro golpe para la vanidad germana. Evidentemente Spehl no pudo prever los retrasos a los que se vio sometido el dirigible. Su intención primaria habría sido colocar la carga explosiva en algún compartimento oculto cerca de las celdas de hidrógeno, y mediante un dispositivo temporizador hacerla estallar varias horas después de que el aparato estuviera atado a su mástil de anclaje, cuando ya no quedara nadie del público ni personal de tierra del aeropuerto, una hora que bien podría haber sido pasadas las siete de la tarde, seis después del atraque previsto del dirigible.

Sin embargo Sphel nunca pudo prever las seis horas de retraso por las inclemencias del tiempo. Uno de los estudiosos que ha dedicado varios años de su vida a investigar los misterios que rodearon la explosión del dirigible, Richard Garret, llegó más allá con esta teoría: según él, Sphel, un hombre que llamaba la atención sólo por su deseo de soledad, mantenía una relación amorosa con una joven comunista, durante todo el trayecto –y debido a sus inclinaciones políticas–, fue vigilado desde muy cerca por un oficial de la GESTAPO. Sphel nunca pudo dar ningún tipo de explicaciones. Fue una de las víctimas del accidente.

Pese a que esta explicación parece indudablemente muy atractiva, quedan muchas preguntas sin respuesta. ¿Quién era realmente Sphel?, ¿trabajó en solitario o fue un recluta encargado de colocar el artefacto explosivo? ¿Por qué el gobierno americano hizo caso omiso de las declaraciones de los periodistas del *NYT* en relación a las detonaciones escuchadas antes de producirse el incendio? Y, ¿cómo es posible que el gobierno alemán con tanta información con la que contaba acerca de un posible atentado no hiciera un registro más minucioso del aparato –y los pasajeros– aunque para ello fuera necesario retrasar el despegue del mismo?

Es muy posible que Sphel actuara en solitario, y los dos gobiernos fueran ajenos a los acontecimientos que se produjeron. Permanecen en el aire demasiadas dudas que no dejan clara la postura de cada una de las naciones implicadas en el desastroso accidente, y es muy posible que las respuestas a éstas se diluyan en el aire, como lo hizo el humo del dirigible más imponente jamás construido, al despertar la mañana del día siguiente...

Hindenburg.
Canciller alemán.

"Cree a aquellos que buscan la verdad, duda de los que la han encontrado"
André Gide

Capítulo 6

Terror en Oklahoma

La mañana del miércoles 19 de abril de 1995 Estados Unidos despertaba sintiendo un miedo que no conocía hasta entonces; no con aquellas proporciones. El edificio federal Alfred P. Murrah volaba por los aires sesgando la vida de decenas de personas, entre ellos varios niños. El terrorismo por primera vez hacía estragos dentro de una sociedad supuestamente impenetrable. ¿Qué ocurrió realmente en el atentado de Oklahoma?

A LAS NUEVE DE LA MAÑANA DEL FATÍDICO DÍA, ya se encontraban en el interior del edificio más de quinientas personas ocupando sus puestos de trabajo, y otras tantas iban accediendo al interior del mismo. El P. Murrah albergaba en sus nueve pisos toda clase de oficinas del Estado, desde dependencias del ejército y la marina hasta de la aduana, sin olvidar las del servicio secreto y la administración de autopsias federales. Por lo tanto es comprensible el alto número de empleados trabajando en el interior del mismo. Si había que escoger un lugar para un atentado terrorista, sin dudar ese era el "mejor".

Edificio Federal Alfred P. Murrah.

Tan sólo dos minutos después de las nueve de la mañana el edificio federal era objeto de una fortísima explosión que provocaría el derrumbe casi al completo de la fachada principal. Los cascotes se proyectaron hasta 10 manzanas mas allá del lugar de la detonación, pero lo verdaderamente grave fue la cercanía de una guardería próxima al lugar del atentado.

El dispositivo de emergencia se puso a trabajar inmediatamente, tras los primeros minutos de confusión, socorriendo a todas las personas gravemente heridas. Los trabajos de recuperación de cuerpos y búsqueda de supervivientes finalizó el 5 de mayo, casi un mes después de la explosión. Se contabilizaron 168 fallecidos, entre ellos 19 niños de la mencionada guardería.

Poco después del atentado el edificio Alfred P. Murrah presentaba este aspecto.

Las primeras investigaciones que vieron la luz, plantearon la hipótesis de un atentado con coche bomba. El artefacto que produjo la catástrofe produjo un cráter de más de 2 m de profundidad por casi 10 de diámetro, y la detonación pudo oírse a más de 20 kilómetros a la redonda. Al parecer el material explosivo estaba compuesto por una carga ANFO[1], una bomba casera propia de terroristas.

Un sospechoso detenido

POCAS HORAS DESPUÉS DEL ATENTADO, cuando aún se especulaba con el motivo de la barbarie, si es que lo tenía, los agentes federales detenían a un joven sobre el que pronto recayeron todas las culpas. Su nombre era Timothy James McVeigh, de 27 años y nacionalidad norteamericana...

Que un muchacho del propio país fuera el autor del atentado de Oklahoma conmocionó aún más a la sociedad; no podían creer que el acto terrorista hubiera sido orquestado por un norteamericano[2]. No obstante más doloroso fue saber que McVeigh fue condecorado como héroe de Guerra durante el conflicto bélico del Golfo Pérsico. La flamante sociedad norteamericana había sido víctima de sus propias creaciones, *"una manzana podrida dentro del cesto"*, dijeron muchos, pero lo cierto es que algo olía a podrido en todo lo relacionado con el caso, desde el mismo momento en que se detuvo a McVeigh. A las diez de la mañana de ese mismo día, el agente de policía Charlie Hanger obligaba a parar un vehículo modelo *Mercury* que transitaba por la Nacional-35. El motivo era sencillo: no tenía matrícula trasera. El conductor se llamaba Timothy McVeigh.

---

[1] Bomba de relojería concebida a partir de fertilizante de nitrato amónico y un carburante de automóvil de alto octanaje.

[2] En un primer momento se barajó curiosamente el nombre de Bin Laden.

El agente comenzó a interrogar al sospechoso, hasta que percibió un bulto extraño bajo su chaqueta. Alarmado, Hanger desenfundó su arma y obligó a McVeigh a salir del coche para cachearlo. El resultado fue el hallazgo de una pistola *Glock* del calibre 45 con munición capaz de perforar los chalecos antibalas[3].

El joven fue detenido y puesto bajo arresto en la prisión de Noble, en Perry, bajo los cargos de tenencia ilícita de armas. No habían transcurrido unas horas cuando agentes de la Oficina de Alcohol, Tabaco y Armas de Fuego –ATF–, que tenía sus oficinas en el lugar del terrible suceso, acudieron al centro de seguridad para interrogar al sospechoso en relación con el atentado de Oklahoma.

Tras varios interrogatorios se llegó a la conclusión de que McVeigh había sido el responsable del mismo; de hecho el mismo acusado se proclamó culpable de los cargos que se le imputaban, argumentando como causa y motivo una venganza contra el gobierno de Estados Unidos, por la manera en la que el FBI había actuado el 19 de abril de 1993 en el asalto a la secta davidiana

Timoty McVeigh, el ¿culpable?

---

[3] Las conocidas como "mata policías".

atrincherada en una finca de Waco, Texas, y por la muerte de la esposa y el hijo del comerciante de armas Randy Weaver a manos de un francotirador de la FBI, durante una operación en Ruby Ridge, Idaho, en 1992. Según éste, aquellas operaciones pusieron en evidencia el *"desprecio del gobierno hacia los ciudadanos"*.

No se sabe qué ocurrió con McVeigh cuando regresó de la Guerra del Golfo[4], pero todo parece indicar que la llamada del "Tío Sam" le obligó a abandonar su sueño: ser miembro del grupo de elite del ejército. Lo cierto es que pese a haber sido condecorado con la Estrella de Bronce y la Insignia de la Infantería de Combate, Timothy decidió abandonar la *navy* por no estar de acuerdo con las políticas militares del gobierno y las fuerzas armadas.

Vista aérea del Edifico Federal Alfred P. Murrah tras el atentado.

---

[4] Se ha llegado a plantear de forma casi descabellada, que McVeigh pudo haber sido sometido a alguna clase de experimento de control mental similar al MK-ULTRA, durante su estancia en el ejército.

¿Una o dos bombas en Oklahoma?

AUNQUE EL JOVEN HÉROE DE GUERRA había admitido su culpabilidad en el caso, muchos siguieron investigando los cabos sueltos que quedaban en esta trama. Las primeras dudas derivaron del propio artefacto que produjo la tremenda explosión e hizo caer la fachada del edificio.

Expertos en este tipo de materiales declararon que era muy difícil determinar si una bomba realizada a partir de fertilizante de nitrato amónico habría podido causar tal destrucción en el edificio federal, y que de hecho era extremadamente complicado que ésta produjese un cráter de semejante envergadura. La carga fue colocada en una furgoneta que se estacionó frente al edificio federal, determinándose que el peso total del explosivo debió rondar las 4.800 libras. Sin embargo, de haberse producido tamaña deflagración era ilógico observar la ingente cantidad de material que fue expulsado desde el

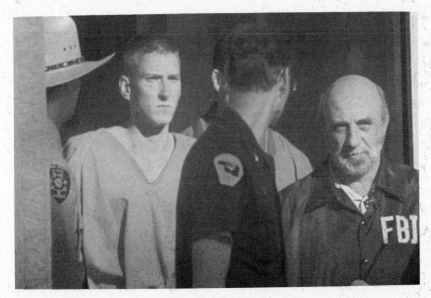

McVeigh, un ex militar pluricondecorado, y terrorista...

interior del edificio hasta casi diez manzanas de distancia. Una explosión desde el exterior –tal era el caso–, habría arrojado escombros y papeles hacia el interior, pero nunca al contrario. De ahí que muchos plantearan la tesis de una segunda explosión…

Entre los testigos que se encontraban cerca de la zona del atentado –incluso los supervivientes de la misma– se cuentan quienes afirmaron haber oído algo semejante a dos detonaciones, muy seguidas una de la otra. Empero, la evidencia real de que esto pudo haber ocurrido realmente se encontraba garabateada en un trozo de papel.

El departamento de Geología de la Universidad de Oklahoma registró en el sismógrafo una segunda explosión diez segundos después de la primera. Para los fervientes seguidores de la teoría de la conspiración, ésta era la prueba evidente que confirmaba la existencia de una segunda carga, y por lo tanto una conspiración de la que McVeigh no había sido el único culpable. Las evidencias parecían ser tan contundentes que hasta el Dr. Ken Louzza, del departamento de geología, declaró que *"en Oklahoma se habrían producido dos detonaciones"*. La euforia que sintieron muchos al entrever una conspiración gubernamental, duró más bien poco. No había transcurrido un mes cuando el citado doctor viró sus declaraciones sustituyendo la palabra "detonaciones" por "sucesos". A estas afirmaciones les siguió un estudio que echaba por tierra la tesis de una segunda bomba. La investigación efectuada por Thomas M. Brocher, de la *USGS*, explicaba así el hecho de los dos movimientos sísmicos.

Una división bajo tierra muy extraña

AL PARECER EL SEGUNDO MOVIMIENTO SÍSMICO registrado no era otra cosa que una copia exacta del primero. Se explicó que al producirse la detonación, el resultado de la vibración viajó por dos sustratos de materiales diferentes, es decir, el primer movimiento se dividió en dos, bajo la tierra. Uno de los sustratos permitió que la sacudida llegara antes a los detectores de movimiento, mientras que el otro, al viajar por una capa más densa tardó en llegar 10 segundos más que el antecesor, pero que en realidad era el mismo. Así lo verificó Charles Mankin, director del boletín del *FMI Geológico*.

Pese a que tal extremo podía ser factible, la solución de este misterio engloba otro que aún no se ha resuelto más que con especulaciones y teorías sin verificar. Según el geofísico Raymon Brown, perteneciente al cuerpo del *Boletín del FMI Geológico* de Oklahoma, *"la teoría de las dos ondas sísmicas que en realidad eran la misma es aceptable, pero eso no elimina la posibilidad de dos explosiones"*.

En primer lugar el Dr. Brown expresó sus dudas en torno a que un explosivo como el que se encontraba en la furgoneta, hubiera podido realizar semejante destrucción. Lo que realmente le inquietó fue el hecho de que se pudiera registrar un movimiento sísmico de más duración que el de la propia explosión. El que se produjo duró alrededor de ocho segundos, y la detonación producida por el explosivo persistió mucho menos.

Algunos científicos plantearon que esos segundos de más pudieron deberse a la caída de restos del edificio al suelo, o a las explosiones de los vehículos adyacentes al mismo, pero el Dr. Brown expone que es francamente imposible que dichos efectos pudieran producir una señal de movimientos que durara tal cantidad de tiempo.

Charles Mankin, que defendió la teoría de una sola explosión dividida en dos bajo tierra, manifiesta también su perplejidad ante este signo de ocho segundos de duración, pero plantea que podría deberse a la acumulación de vibración en los pilares del edificio, lo que habría provocado que los mismos siguieran balanceándose tras la deflagración. Esta tesis no es demostrable y tampoco explica al completo la citada señal.

A estas conclusiones se ha acogido el antiguo director de la oficina del FBI en Los Ángeles Ted Gunderson, en la actualidad ferviente defensor de la conspiración y candidato en 2001 a congresista para el Estado de Nevada. *"Hubo dos explosiones, una a las 09.02.03 y otra diez segundos más tarde. De hecho creo que existió una tercera explosión para lo que se utilizó un arma denominada 'Electro-Hidrodinámica' a base de combustible gaseoso, una bomba barométrica"*.

Lejos de estas arriesgadas teorías conspiranoicas, lo que si vio la luz, provocando gran polémica, fue un informe de 500 páginas publicado en agosto del 2001 por la *Oklahoma City Bombing Investigation Comision*, presidida por el ex congresista del Estado, Charles Key. En la misma se expusieron las denuncias de varios testigos que escucharon más de una explosión, y expresa además que los daños en el edificio, un tercio del cual fue destruido si se observan las fotos aéreas, no pueden ser el resultado de la colocación de un coche bomba en el exterior del edificio.

En el informe aparece el testimonio de un empleado que se encontraba en el noveno piso. Éste afirma que sintió un estremecimiento bajo los pies, lo que le permitió refugiarse —a él y a otros empleados— bajo los escritorios, segundos antes de que se produjese la gran explosión. No en vano, los empleados de las plantas más bajas afirmaron con rotundidad haber escuchado muy claramente dos explosiones. Otro testigo, Jane Graham, de 61 años de edad, que sobrevivió tras acabar sepultada entre los escombros del edificio, aseguró que poco antes vio a dos hombres sospechosos en el interior del inmueble, y mantiene que es posible que estas personas colocaran alguna bomba en el interior del A. P. Murrah.

Otras declaraciones de testigos inculpaban a la *ATF* por tener conocimiento previo de la colocación de la bomba. Según declararon, era extremadamente extraño que de los 15 ó 17 empleados de la agencia –que incluso tenía sus oficinas en la novena planta–, ninguno saliera ni siquiera herido. La respuesta era obvia: la mayoría no estaban en su puesto de trabajo aquel día. Además existe el rumor de que Eyde Smith una mujer que perdió a sus dos hijos en la tragedia, tenía pruebas de que la *ATF* había sido avisada de la colocación de la bomba; pese a esta afirmación, la señora Smith nunca reveló ningún dato que verificara el hecho –se dice que se retractó tras recibir la visita de varios agentes del gobierno–.

No se acaban las sorpresas

AUNQUE algunas pruebas parecían evidenciar la existencia de una conspiración, o por lo menos de la existencia de dos o más bombas en el edificio Murrah, lo cierto es que el

Las captaciones del sismógrafo ayudaron a elaborar la hipótesis de las dos explosiones.

gobierno nunca se retractó de sus hipótesis principales. De hecho McVeigh afirmó en más de una ocasión que actuó solo en lo que al atentado se refiere.

Otra persona fue llevada a juicio por su presunta vinculación con McVeigh. Su nombre era Terry Nichols, compañero del primero durante la guerra, que al parecer había ayudado en la confección del explosivo. Terry admitió su culpabilidad en el juicio, pero afirmó que además de no encontrarse en Oklahoma aquel día, desconocía cuál era el fin último de la bomba. Fue condenado a cadena perpetua.

Por otro lado McVeigh fue condenado a la pena capital, que sería consumada en mayo de 2001, después de finalizadas las investigaciones en torno al caso. Con lo que no contaban las autoridades encargadas de la ejecución fue con el fiasco de la agencia de investigación más importante: el FBI. Al parecer, la oficina federal había ocultado más de 3.000 documentos sobre este asunto a los abogados a cargo de la defensa de McVeigh, quien había proclamado en más de una ocasión su propia ejecución inminente.

Debido a la gravedad del asunto, la pena impuesta tuvo que ser aplazada para que los letrados pudieran estudiar los 3.137 nuevos informes. La teoría de la conspiración empezaba a cobrar fuerza de nuevo. Éstos ofrecían testimonios de testigos que vieron al sospechoso acompañado de dos personas pocos días antes al atentado, señalando además la narración de una superviviente, que aseguraba que fue visto el mismo día de la explosión acompañado por más gente. También había quien señalaba que cuando McVeigh alquiló el furgón que usó para cargar la bomba, no estaba solo.

Según informó el *Washington Post*, un sabotaje dentro del propio FBI se perfilaba como la causa más probable para semejante error, aunque al final todo quedaría en un enorme despiste por parte de la oficina de investigación. La nueva fecha para la ejecución ya estaba marcada en el calendario: 11 de junio de ese mismo año. El abogado de Timothy McVeigh, Richard Burr, confirmó a los medios de comunicación que pese a que su cliente se hallaba preparado para morir en la jornada prevista, aceptó la postergación de la ejecución por si los nuevos documentos arrojaban luz sobre el asunto. Para Burrs, la cuestión era clara: *"Hubo otros implicados, todavía hay documentos cruciales retenidos por el FBI. Debemos llegar al fondo de todo este asunto"*. Incluso Stephen Jones, ex abogado de McVeigh, realizó unas duras declaraciones alegando que su cliente actuó por encargo de algún departamento del propio gobierno, aunque el mismo haya afirmado que fue el único autor del atentado. *"El hecho de que no hayan encontrado pruebas, no significa que no existan"*, declaró.

Pese a todo –y tras un mes de plazo para que los letrados investigaran los nuevos documentos– McVeigh fue ejecutado con inyección letal el 11 de julio de 2001, después de que fueran denegadas las peticiones de sus abogados para una nueva apelación a raíz de los citados expedientes. Con McVeigh muerto, se esfumaban todas las posibilidades de conocer toda la verdad en torno al atentado del Edificio Federal Alfred P. Murrah en Oklahoma.

La teoría de la conspiración

SI REALMENTE EL GOBIERNO ESTABA IMPLICADO de alguna manera en el atentado de Oklahoma, ¿cuál era el principal propósito del mismo? Para los teóricos la respuesta es clara: cambiar la política de cara a las acciones terroristas, es decir, establecer un clima de pánico para que la sociedad aceptara unas duras medidas de cambio en torno al terrorismo, entre las que se encontrarían limitar los viajes de las personas sospechosas, las asociaciones y el derecho de que los ciudadanos porten armas de fuego, entre otras.

Esta tesis cobró fuerza cuando tras el sangriento atentado fue proclamada el acta de la Ley Pública 104-132, firmada por el presidente Clinton el 24 de abril de 1996. Ésta estaba pensada para luchar contra el terrorismo, dando a la Administración poder absoluto sobre las actuaciones que se llevaran sobre el mismo.

Según el escritor David Hoffman, *"esta ley hace trizas la primera, cuarta y quinta enmiendas de la constitución estadounidense, estableciendo el marco para un estado policíaco atrincherado, dando al Gobierno Federal todo el poder para tomar como blanco a toda persona que se establezca como sos-pechosa".*

Los defensores de las tesis conspiranoides creen que este proyecto de ley fue rechazado antes del incidente de Oklahoma, y que la bomba fue colocada para que se aprobara la misma y el gobierno pudiera actuar autónomamente contra los actos terroristas, así como con las decenas de milicias que se declaran abiertamente a favor de que los ciudadanos puedan portar armas de fuego libremente.

CAPÍTULO 7

Fluoración, envenenamiento global

¿IMAGINA QUE EN EL AGUA DE SU GRIFO, determinados sectores de su gobierno estuvieran introduciendo sustancias nocivas que perjudicaran su integridad física, así como mermar su capacidad de raciocinio? Pues aunque no lo crean existen evidencias de que esto ocurre. Según un alto numero de investigadores y científicos de la sanidad publica, la mezcla de pequeñas cantidades de flúor con el agua no sólo no previene contra la caries y produce otras enfermedades, sino que además afecta al comportamiento del individuo... Simplemente horrible.

A FINALES DE 2003 EL GOBIERNO BRITÁNICO había tomado una medida que afectaba directamente al consumo de agua fluorada en ese país. No en vano se habían planteado la premisa de que para ese ejercicio ningún menor de 5 años tuviera defectos en su dentadura. Para ello comenzaron pocos años antes una campaña de fluoración del agua en determinados puntos del Reino Unido.

Con fecha de 2001, un grupo de defensores de esta medida, compuesto principalmente por médicos dentales, exige al gobierno que se amplíe, puesto que según el boletín del *FMI* para la salud dental del niño, solo en un 18% de los distritos sanitarios se ha cumpli-

Fluorita.

do tal promesa. John Renshaw, presidente de la "Asociación Dental Británica", junto con un grupo denominado "La Alianza", compuesto por 79 médicos dentales y voluntarios de nacionalidad británica para la salud del niño, exponen que las áreas donde se ha aplicado flúor al agua, han mejorado sensiblemente su salud bucal, con respecto a las zonas donde aún no se ha aplicado la medida.

Aproximadamente el 10% de la población del Reino Unido consume hoy agua fluorada, principalmente en las zonas del oeste y el noroeste del país. "La Alianza" propone que se extienda al noreste, a todo el norte de Inglaterra, Escocia, Irlanda del Norte, Gales y el interior de Londres.

¿Conoce la población el origen del flúor utilizado en las pastas de dientes o añadido en el agua? Saben de sus reconocidos efectos secundarios? ¿Por qué se medica a la población sin advertirles de los efectos nocivos de dicha sustancia?

El flúor, un veneno peor que el plomo

EL FLÚOR ES EL ÚLTIMO de los no metales en la tabla periódica[1]. Fue descubierto en 1771 por el químico sueco Carl Wilhelm Scheele, pero no sería hasta 1886 que se lograra aislar por el químico francés Henri Moissan. Durante ese largo periodo de tiempo, muchos investigadores lo intentaron, científicos tan famosos como Faraday, o Davy, todos ellos sin éxito[2].

Su apariencia física es la de un gas verde-amarillento, altamente corrosivo y venenoso, de olor penetrante y desagradable. De todos los elementos de la citada tabla es el más reactivo, pues se combina de forma violenta y directa con la mayoría de sus compañeros. Un ejemplo de la toxicidad del mismo la encontramos en el ácido fluorhídrico, altamente corrosivo y que dada su facilidad para atacar al vidrio se utiliza en la industria del grabado del mismo.

No obstante, no se alarmen, al menos por ahora; el derivado que se utiliza en las pastas de dientes, pastillas, e incluso el agua potable es el "fluoruro de sodio". Sin embargo, existe una realidad que la mayoría de la población desconoce relativa al flúor, y que, en palabras del Dr. John Yiamouyiannis, suenan de manera escalofriante. *"No agregaríamos adrede el arsénico al abastecimiento de agua, y no agrega-*

---

[1] Gases nobles aparte.
[2] Muchos otros investigadores murieron de envenenamiento por flúor.

ríamos adrede el plomo. *Pero agregamos el fluoruro. El hecho es que el fluoruro es más tóxico que el plomo y apenas menos tóxico que el arsénico".*

Si continúan leyendo, se darán cuenta de que esto no es más que la punta del iceberg de una campaña que tiene al ser humano como cobaya de laboratorio, y a muchas multinacionales como principales beneficiarios. Holanda, Estados Unidos, Reino Unido... son sólo algunos países donde el agua fluorada alcanza niveles más altos de los recomendados, que se estiman entre 0,5 ppm y 1 ppm[3]

**Efectos de
la fluorosis.**

La fluoración comenzó "oficialmente" allá por los años treinta, cuando un grupo de científicos descubrió que agregar pequeñas cantidades de éste en el líquido elemento era beneficioso para la lucha contra las caries[4]. Desde entonces, una ferviente campaña a favor del flúor —como un "maravilloso" aliado contra las enfermedades dentales— instó a numerosas compañías de dentífricos a incluirlo entre sus ingredientes, siendo hoy en día un añadido indispensable en dicho producto. Si bien es cierto que está demostrado que el flúor favorece al endurecimiento del esmalte de los dientes, también lo está que puede producir otros muchos trastornos para la salud, más graves de los que cabría imaginar.

¿Cuántas personas imaginan, por ejemplo, que el mismo que se usa en la fluoración del agua o las pastas de dientes, procede de los residuos de la fabricación de aluminio? Muy pocas, seguro, pero es

---

[3] Partes por millón.
[4] Estos efectos eran aún "más positivos" en la salud bucal de los niños.

real... ¡El fluoruro de sodio es un residuo que se obtiene de la fabricación del aluminio! Se utiliza no sólo en los productos anteriormente mencionados, sino que también es un ingrediente común en los venenos para ratas y cucarachas, por citar algunos.

Realidades de los derivados del flúor

LAS PRIMERAS TOXICIDADES demostradas originarias del fluoruro se remontan a la Revolución Industrial. En el año 1850, las fábricas de hierro, cobre y aluminio, expulsaron al aire grandes cantidades de materiales altamente tóxicos que acabaron diezmando a animales, plantas, e incluso seres humanos. Este problema se intensificó en la década de los veinte del pasado siglo, cuando el ferviente crecimiento de la industria comenzó a ser un problema común en todos los países.

Las grandes factorías metalúrgicas, principalmente las estadounidenses, comenzaron a hacer su agosto con la proliferación y el auge que alcanzaba este sector, sobre todo gracias al empuje militar, que ya prometía grandes sumas de dinero por la producción de todo tipo de armamento o dispositivo que utilizara dichos materiales. Pero existía un problema: las millones de toneladas de fluoruros superfluos que se obtenían como residuos eran un "inconveniente". Se optó por arrojarlos a ríos o al medioambiente, a pesar de que la población, viendo la contaminación producida, comenzara a demandar a las industrias, obteniendo cuantiosas indemnizaciones.

Incluso se podría correr el riesgo de que los gobiernos tuvieran que emplear elevadas cantidades de dinero para determinar una regulación en el control de la polución generada por la fabricación de metales, de los cuales el más tóxico es el aluminio.

Pronto comenzaron a utilizarse estas sustancias tóxicas para la preparación de venenos como los "mata ratas", pero las cantidades

empleadas para estos productos eran mínimas, por lo que las factorías no acababan de deshacerse de ellas. Aún así, acabaría pronto...
A principios de los años treinta cobraba fuerza una poderosa campaña que ofrecía una milagrosa solución a los residuos de fluoruro.
Ésta se basaba en que la adición del polémico elemento al agua potable en cantidades controladas, ayudaba a la prevención de las caries
dentales. Sin embargo, algunas personas como el escritor y médico
Joel Griffiths, afirman que esto no fue un descubrimiento médico,
sino una campaña orquestada y encubierta por los fabricantes de aluminio sin otro motivo que el desinformar al público y desviar la atención hacia lo verdaderamente importante: la toxicidad del flúor.

Durante esos años, el científico Gerald J. Cox daba a conocer una
importante noticia: un derivado de apenas valor económico, se había
convertido en un potencial aliado contra la caries, obteniendo grandes resultados, sobre todo en la salud bucal de los niños. Pocos ima-
ginaban entonces que el Sr. Cox estaba financiado por la fundación
ALCOA, uno de los principales fabricantes de aluminio del mundo,
que además había costeado las investigaciones del agua flúorada.

Una pregunta comenzaba a hacerse presente en las bocas —valga
la ironía— de los principales mandatarios de los Estados Unidos: ¿se
incluiría el fluoruro al agua potable de toda la nación? De ser afirmativa la respuesta —y de hecho lo fue— los problemas de los fabricantes de aluminio se acabarían. Mientras que la dosis de un individuo sería muy baja, calcular la de toda la nación requeriría centena-
res de miles de toneladas para un abastecimiento a nivel nacional.
En 1939 la fluoración del agua en Norteamérica había pasado de ser
una simple propuesta a todo una realidad, gracias a las investigaciones realizadas por Gerald J. Cox, que no era médico, ni dentista...
sino un científico y trabajador de la principal compañía de la fabricación de aluminio, la cual contaba ya con una gran cantidad de
demandas por envenenamiento con flúor.

Habrían de pasar muchos años antes de que empezaran a aparecer los primeros informes que dejaban en entredicho los benéficos de esta sustancia. El porqué de la demora era sencillo: las grandes industrias como *ALCOA*, se habían ocupado durante años de realizar una campaña a favor del flúor, ocultando información sobre la realidad de esta sustancia tóxica.

Folleto de la campaña orquestada por la fundación *ALCOA* para promover la fluoración del agua.

Entre 1986 y 1987, se llevó a cabo el mayor estudio realizado hasta la fecha sobre los efectos del mismo, fue iniciado por el *US*

National Institute of Dental Research. Se tomó a 39.000 estudiantes con edades comprendidas entre los 5 y los 17 años, residentes en diferentes zonas del país. Un tercio vivía en lugares donde el agua había sido flúorada; otro en donde había sido parcialmente flúorada; el resto residía en zonas donde no se había llevado a cabo la polémica medida. Se analizaron sus hojas de visitas al dentista, así como el estado actual de su salud bucal, y los resultados arrojaron que no había diferencias notables entre las zonas fluoradas y las no fluoradas. Con todo, los peores anuncios aún estaban por llegar.

Gerald J. Cox.

En 1988, el laboratorio nacional *Argonic*, confirmaba que el flúor tenía la potencia y la capacidad de transformar células normales en células cancerosas. Aunque este descubrimiento pareció ser alarmante, sólo unos pocos países abrieron sus ojos ante una realidad como ésta. Otras personas como el Dr. Ardí Limeback, director del Departamento de Cirugía Dental Preventiva de la Universidad de Toronto y presidente de la Asociación Canadiense para la Investigación Dental, hacía unas declaraciones asombrosas al diario *Tribune* a finales de 1999 .

En dicha entrevista, Limeback cambiaba radicalmente de postura y explicaba que *"los niños inferiores a tres años de edad no deben usar pasta de dientes con flúor, o beber agua fluorada, y la forma en la que los bebés toman el agua corriente de Toronto debe corregirse"*.

¿A qué fue debido ese cambio tan brusco? El mismo doctor lo dejaba bien claro en una entrevista mantenida con el investigador

David Icke[5]: *"Hemos estado descargando fluoruros contaminados a los depósitos de agua durante casi medio siglo. La inmensa mayoría de los aditivos del fluoruro, vienen de los limpiadores de chimeneas de Florida. Los aditivos son un subproducto tóxico de la industria.*

Esto significa que hemos estado suministrado a la población, fluoruros tóxicos a través del consumo de agua, lo que supone exponer a personas inocentes a sustancias cancerígenas como el arsénico o el radio. Debido a las propiedades acumulativas de toxinas en el organismo, las repercusiones para la salud del individuo pueden ser catastróficas".

Desgraciadamente un reciente estudio de la Universidad de Toronto confirmaba los temores del Dr. Limeback. Éste determinaba que los habitantes de las zonas donde el nivel de flúor en el agua era más alto que en otras, ofrecían una mayor vulnerabilidad a la fractura de caderas. Aún peor, se descubrió que el fluoruro estaba alterando la arquitectura ósea del ser humano. La fluorosis del esqueleto es una condición que ocurre cuando el elemento principal aumenta de forma alarmante en la constitución ósea, transformando los huesos en más débiles y quebradizos.

Sin embargo, éste no es uno de los primeros síntomas que señalan altos niveles de flúor en el cuerpo: la primera señal suele ser la

Huesos afectados por la enfermedad derivada del alto índice de flúor en el cuerpo denominada "fluorosis ósea".

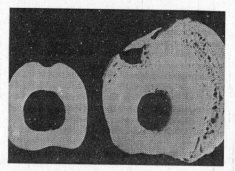

[5] Visitar página Web en: www.david-Icke.com/icke/index1a.htm.

FLUORACIÓN, ENVENENAMIENTO GLOBAL

143

fluorosis dental, una enfermedad que torna los dientes quebradizos y decolorados, siendo hoy en día en Canadá la enfermedad más tratada en las clínicas dentales, más aún que las caries. Como vemos se trataba de un problema de primer orden.

El 22 de marzo de 1990, la revista *New England Journal of Medicine*, publicó la incidencia del incremento de fractura de huesos en los enfermos de osteoporosis en relación al consumo de flúor.

En ese mismo año, y durante los dos siguientes, la revista de la

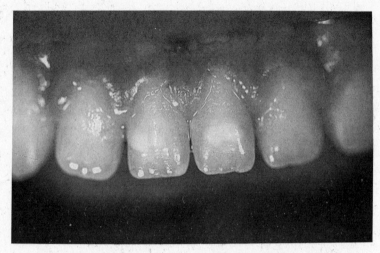

Fluorosis: aumento de la porosidad y decoloración del esmalte dental, que se vuelve quebradizo.

Asociación Médica Americana, publicó tres artículos en los que se relacionaba la fractura de caderas con el flúor añadido en el agua. Poco tiempo después, un estudio desarrollado por *Procter and Gamble* demostró que solamente utilizando la mitad del elemento tóxico en el suministro de agua, se aumentaban los defectos genéticos de una manera significativa. En 1993 el Instituto de Ciencia, Salud y Medio Ambiente de Estados Unidos, llegó a la misma conclusión. Y por si esto fuera poco, en 1992, una investigación llevada a cabo por la

Universidad de Arizona exponía que el aumento de las caries en los niños iba en proporción directa con el aumento de fluoruros en el agua que tomaban.

Según estimaciones científicas las cantidades de éstos en el agua no deben sobrepasar en 1ppm. No obstante, en muchos lugares de Estados Unidos y otros países, los niveles alcanzan las 2 o hasta 3 ppm, una cantidad que, según el Dr. James Patrick, científico del Instituto Nacional de la Salud, es totalmente inadecuada para fines terapéuticos. De hecho, existen países que incluso ven en 1 ppm una cantidad muy elevada. Es curioso observar, por ejemplo, como Japón utiliza un octavo de lo recomendado por el gobierno norteamericano, menos de 15 centésimas de un miligramo por litro como tasa superior.

Se tiene constancia de que el flúor deja de actuar a partir de los veinte años de edad, al contrario de los que afirman que su efectividad se perpetúa durante toda la vida. También se ha demostrado que puede producir graves enfermedades óseas y dentales. Por lo tanto, ¿cuál es el motivo para seguir utilizándolo? Seguramente el dinero. Los costes para reducir un problema que tiene su origen en la Revolución Industrial serían demasiado altos para que los gobiernos e industrias pudieran asumirlos o costearlos; mientras existan unas soluciones menos costosas, éstas seguirán siendo utilizadas.

Hay quienes plantean que la utilización del flúor en el agua no sólo cumple un pretendido beneficio para la salud bucal, sino que cubre otros planes más siniestros, para los que tendríamos que remontarnos a los momentos más amargos de la II Guerra Mundial.

Fluoruros, campos de concentración y control mental

Según el investigador Ian E. Stephen, especialista en las aciagas implicaciones del flúor para la salud, durante el mandato de la primera ministra Margareth Thatcher se triplicaron los presupuestos para la fluoración del agua en Irlanda del Norte. Según Stephen, las implicaciones que esto conllevaba no era el de prevenir las caries de los residentes en el lugar, sino intentar apaciguar una zona del país altamente conflictiva. De ser así, ¿cómo podía saber la primera ministra que el agua fluorada tenía la propiedad de alterar el comportamiento del individuo?

En los albores de la segunda gran guerra se crearon decenas de campos de exterminio donde diariamente eran masacradas decenas de personas. Enfermedades e inanición eran sólo algunas de las causas, pero las drogas y la experimentación eran otras aún más crueles. El clima de tensión en los campos de concentración era extremo y en cualquier momento podrían haber surgido revueltas o motines, pero los alemanes encontraron una manera sencilla y poco costosa de mantener a los prisioneros sosegados y aletargados. Descubrieron que dosis diarias de mínimas cantidades de flúor en el agua, afectaban al cerebro, narcotizando al individuo y manteniéndolo sumiso.

Tal hallazgo era sorprendente, puesto que podía ser utilizado en aquellos países que se iban conquistando para mantener a la población "controlada".

Los alemanes encargaron a la empresa *I. G. Farben* la fabricación de estas dosis de fluoruro en el agua. Ésta era una compañía química de origen alemán y una de las más grandes del mundo por aquel entonces. Su principal filial se hallaba cerca del campo de Auswichtz por una sencilla razón: la mano de obra era "gratuita" y se mantenían alejados de las zonas que bombardeaban los aliados. Entre otras sustancias creadas por esta factoría se encontraba el *Zyklon-B*, un gas utilizado durante la contienda bélica para la exterminación masiva en los campos de concentración.

Al final de la guerra, los aliados controlaban ya el 100% de las instalaciones y tecnologías producidas en los laboratorios de *Farben*. Se envió a un grupo de investigadores comandados por el científico Charles Elliot Perkins, experto en química, bioquímica, fisiología y patología. Allí fue informado de los métodos usados por los alemanes para mantener sumisos a los prisioneros, así como la utilización de fluoruros como ingrediente principal para dicho fin.

Sin embargo, Perkins cometió un error que tal vez muchos otros no se atrevieron a afrontar: abrió demasiado la boca. Declaró que, según las investigaciones llevadas a cabo durante 1940 y 1950, el fluoruro en agua producía grandes alteraciones en el cerebro, en

Se cree que en los campos de concentración se utilizaba la fluoración del agua para mantener aletargados a los prisioneros, y evitar revueltas.

concreto en el hipocampo. Antes de morir, presuntamente asesinado, de____.ó a quienes quisieron escucharlo, que se evitara una fluora___.u global.

Lo sorprendente del asunto es que pese a que no se ha podido demostrar que estas conexiones afirmadas por Perkins estuvieran directamente relacionadas con el gobierno, sí existen otras pruebas que involucran a personajes de alto poder económico de EEUU con las fábricas de *I.G. Farben*.

Antes de que comenzara la guerra, ya en la década de los veinte la compañía *I. G. Farben* había alcanzado acuerdos multimillonarios con empresas y personalidades de relevancia de Estados Unidos, y durante la contienda se siguieron manteniendo[6].

Todas estas empresas y multimillonarios invirtieron grandes cantidades de dinero en los descubrimientos de las fábricas químicas de *I. G. Farben*, entre las que destaca la multimillonaria familia Mellon, quien en 1933 creó el *Mellon Institute*, una fundación independiente que se encargaba de financiar los nuevos descubrimientos de la ciencia y la tecnología, entre ellos, curiosamente, el "maravilloso preventivo para las caries".

Lo más sorprendente de todas estas conexiones es que fuera la familia Mellon quien fundara la mayor factoría de aluminio hasta ese momento: *ALCO*, a su vez la mayor productora del residuo tóxico.

¿Estaría pues en conocimiento del gobierno militar estadounidense los efectos negativos del flúor en la salud?, ¿se habría ocultado información a la población con el fin de tapar una siniestra trama financiera que tenía al flúor como moneda de cambio? Y peor aún, teniendo esta información, ¿con qué intención habrían iniciado las poderosas empresas americanas una campaña internacional para potenciar el flúor fuera de su país?

No existe una respuesta convincente, pero es inquietante observar como más de 60 tranquilizantes que se venden actualmente en el mercado usan el flúor en su composición, puesto que éste provoca un aumento en la potencia de otras sustancias. La fluoración del ubi-

---

[6] Algunas de estas empresas y personajes fueron Henry Ford, la *General Motors Company* o la *Standard Oil* de la familia Rockefeller.

cuo tranquilizante *Diazepam*, más conocido en todo el mundo con el nombre de *Valium*, produce un tranquilizante aún más fuerte, el *Rohypnol*, que para más escarnio, es producido por *Roche Products*, una filial de *I.G. Farben*.

Algunos especialistas se han preocupado de publicar pequeños ensayos sobre los posibles efectos negativos del flúor.

Pero no es este el único: el potente tranquilizante fluorado Stelazine se emplea hoy día copiosamente en las residencias de jubilados e instituciones mentales de todo el mundo. ¿Por qué? Pues la respuesta podría ser tan sencilla como la que tenían los alemanes para controlar a los prisioneros de los campos de concentración: amansar a las "fieras" y mantenerlas sumisas y dominadas.

No pretendemos probar que los gobiernos quieran controlar nuestras mentes o tenernos narcotizados o drogados, pero sí exponer una verdad que deja al descubierto cómo muchas instituciones de la salud se niegan a admitir u ocultar parte de la información. Le corresponde a usted decidir qué medicamentos se le administra y con qué motivo, y no que se nos automedique como si fuéramos simples "conejillos de indias". Quizás la próxima vez que tome un vaso de agua o quiera lavarse los dientes piense en ello y decida si para su salud, es o no conveniente unas "mínimas" dosis de *sodium fluoride* u otras sustancias derivadas de este veneno invisible…

CAPÍTULO 8

Luther King, el hombre de los sueños

¿MARTIN LUTHER KING, ERA UN SOÑADOR, un idealista y pacifista que luchó por los derechos de una sociedad que en aquel momento se hallaba en minoría. En una ocasión tuvo un sueño, y lo contó ante miles de personas. Ese sueño sería el culpable de su asesinato, pero también de su victoria, la misma que no sólo le llevó a ganar el Premio Nobel de la Paz, sino a formar parte de un momento de la historia que jamás será olvidada.

Pastor de la iglesia baptista en los Estados Unidos, King destacó entre las masas por tener una fe inquebrantable en lo que el consideró su cruzada: la lucha por la igualdad de los derechos civiles de los negros. Una forma de vida que le arrastraría ciegamente hacia su trágico final.

Fuertemente influenciado por las doctrinas de Mahatma Gandhi, King adoptó una postura política de desobediencia no vio-

El reverendo Martin Luther King,
un hombre por y para la paz.

lenta, que le permitió conseguir grandes logros en una época difícil y oscura. La no segregación, y la igualdad del derecho al voto de todos los estadounidenses, fueron sólo algunas de las metas que consiguió en vida.

Desde que en 1956 dirigiera y promoviera el boicot contra los autobuses en la ciudad de Montgomery, Alabama, debido al encarcelamiento de una mujer negra que se negó a desocupar el asiento "de un blanco", Martin fue fuertemente vigilado por el FBI y otras agencias gubernamentales. Debido a aquella movilización King fue puesto bajo arresto y encarcelado durante un corto periodo de tiempo, consiguiendo con ello que se eliminara la segregación de los autobuses, lo que dio mayor empuje a sus ideologías. Desde ese momento logró que muchos ojos pusieran la vista sobre él, miradas que no le convenían. Había conseguido llamar demasiado la atención.

Tan solo dos años después de aquel suceso, King se dio cuenta de la grave imagen que ofrecía a cierta parte de la sociedad, cuando fue apuñalado en Harlem, Nueva York, mientras firmaba su libro *Paso hacia la libertad*. Desde ese momento, pese a los que intentaban frenar sus ideales y convicciones, comenzó una carrera con más ímpetu que al principio, alentado por la idea de no ceder en su lucha a favor de la sociedad negra.

En 1960 participó activamente en las protestas en contra de la segregación de las cafeterías, pero siempre con su política de no violencia, que mantendría aún cuando fue presionado por el movimiento "Poder Negro". Un año más tarde tomó parte en los "Los viajes de la libertad"" para protestar por el *aparheith* impuesto por las autoridades en los autobuses interestatales. En la primavera de 1963 organizó una enorme campaña a favor de los derechos humanos en Birmingham, Alabama, donde fue encarcelado de nuevo, tiempo que aprovecharía para escribir *Carta desde la cárcel de Birmingham*.

No fue hasta el 28 de agosto de 1963 que la imagen de Martin Luther King se proyectara a nivel internacional como el gran pacifista que fue. Ese día, y ante 200.000 personas congregadas en Washington D. C., con motivo de la marcha por los derechos humanos, pronunció "Tengo un sueño", uno de los discursos más emotivos que se han creado jamás. Esta proclama le sirvió para que pocos meses después el presidente Lyndon B. Johnson firmara la Ley de los Derechos Civiles, y fuera galardonado con el Premio Nobel de la Paz. Poco tiempo después —en 1965— consiguió el derecho federal del voto para los ciudadanos de color.

Mahatma Gandhi influyó poderosamente en el pensamiento y praxis de M. L. King.

1967 sería el año en el que comenzarían los problemas de Martín… especialmente cuando públicamente denunció el conflicto bélico de Vietnam, siendo estrechamente vigilado y presionado por el FBI, que inició contra su persona una campaña de desprestigio. King había metido el dedo en la llaga de un conflicto que le venía grande; estaba incitando a que los hombres de color se negaran a luchar en el país asiático, y eso según muchos investigadores y su propia familia, le acabó costando la vida.

El 4 de marzo de 1968 fue asesinado mientras estaba en el balcón del Hotel Lorraine, en Memphis, Tennesse.

"Yo no maté a Martin Luther King"

Poco después del homicidio fue detenido un hombre como presunto asesino de King; su nombre era James Earl Ray. Fue arrestado en el aeropuerto londinense de Heathrow, después de un pequeño periplo de huida por Europa. Al parecer, Ray había alquilado el mismo día del crimen una habitación justo enfrente del hotel del orador. Según las investigaciones, el acusado efectuó un disparo desde la ventana del cuarto de baño, que atravesó el cuerpo de King rompiendo la colum-

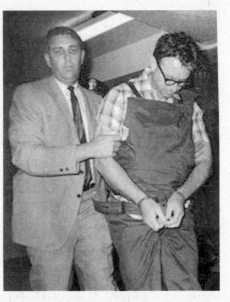

Momento en que Earl Ray es detenido

na vertebral a la altura del cuello. El disparo fue mortal. Las pruebas que implicaban a Ray en el asesinato fueron el descubrimiento de un rifle que él mismo había adquirido seis días antes, así como varias huellas dactilares halladas en la estancia.

El hotel Lorraine en la actualidad recuerda con una placa el lugar del asesinato de King.

El acusado de la muerte de King acabó sus días en prisión, aseverando hasta el último momento que el no había apretado el gatillo.

Al ser capturado se declaró culpable; probablemente si no lo hubiera hecho habría acabado sentenciado a pena de muerte. Con todo, a los tres días de haberse desahuciado, Ray cambió su testimonio declarando que él no había sido el asesino de King, testimonio que no varió hasta el 23 de abril de 1998, cuando murió de una cirrosis de hígado en el penal donde fue sentenciado a 99 años de prisión.

Un año antes, y con la colaboración de la familia de King encabezada por su hijo Dexter y su viuda Coretta Scott King, los abogados de James Earl Ray solicitaron la reapertura del caso, alegando que los nuevos medios técnicos de la policía ayudarían a dilucidar que el arma de Ray no fue la utilizada en el magnicidio del líder.

Los letrados no se equivocaban, y el 11 de julio de 1997, el magistrado Joe Brown —del Tribunal Penal de Memphis— dictaminó, tras varios análisis de balística realizados en el laboratorio de Rhode Island, que la bala que acabó con la vida de Martin Luther King, no correspondía a la disparada con el rifle de Earl Ray.

Los resultados levantaron de nuevo las sospechas y la creencia en la existencia de una conspiración, en la que podrían estar implicadas agencias como la CIA, la policía local, o el FBI, encabezado por Edgard Hoover,

Inspectores del FBI interrogan a los testigos el 4 de abril de 1968.

conocido por sus contactos con la mafia —así como ésta última—.

Las nuevas pruebas balísticas y otras que se mencionan más adelante, unidas a las declaraciones del acusado, obligaron a la secretaria de Justicia Janet Reno a reabrir una investigación limitada sobre el caso en agosto de 1998. Veinte años antes, en 1978, un comité del Congreso había dictaminado que Ray era indudablemente culpable del asesinato de King, aunque no podían determinar si éste había actuado en solitario.

Para entender las resoluciones a las que llegaron, hace falta analizar cuatro teorías posibles que podrían esclarecer, en parte, las dudas que existen en torno al caso. Sin embargo, ninguna de ellas ha sido demostrada.

1ª Teoría de la Conspiración:

Desde que Earl Ray fuera acusado, siempre hubo un nombre que salía de su boca constantemente: Raúl. Según Ray, éste incógnito personaje era una personalidad importante y misteriosa relacionada con el hampa y la mafia, que lo utilizó como herramienta para el asesinato de King. Según Ray, conoció a Raúl mediante un negocio de contrabando, pero su apellido y el material con el que se comerciaba, nunca lo supo. Cuando Raúl le propuso comprar un arma, que la revisara y se la entregara en cierto lugar de Memphis, Ray no se negó. No era un hombre especialmente curioso; era consciente de que saber demasiado o hacer muchas preguntas no era buena idea en esos negocios. Sólo hacía lo que se le ordenaba. En el lugar determinado, Ray

Los acompañantes del Luther King señalan de dónde creen que han provenido los disparos que han acabado con la vida del líder espiritual.

entregó el rifle a Raúl; después esperó en el coche. Al poco se oyó un disparo y Raúl volvió corriendo al vehículo.

Nunca fue localizado… hasta que en 1994 se acusó a un obrero de la construcción jubilado y afincado en Nueva York, al que James Earl Ray reconoció en una fotografía.

El hombre pudo escapar a las acusaciones que se le imputaban por no existir pruebas contra él, pero nunca volvió a hacer vida normal; había alcanzado demasiada notoriedad.

2ª Teoría de la Conspiración:

¿Estuvo la policía de Memphis, el FBI y la inteligencia del gobierno, por no mencionar a la mafia, envuelta en el asesinato de King? Según el abogado de James Earl Ray, William Pepper, la respuesta es afirmativa. Entidades de la Administración usaron a Ray como cabeza de turco. Éstos habrían contratado a un hombre de la mafia para que atentara contra la vida del Nobel de la Paz. Por si fallaba, habían colocado en los alrededores a un grupo de francotiradores de élite.

La trama que promueve Pepper no acaba en este contubernio. En su libro publicado en 1995, *Órdenes para Matar*, el abogado afirma que la CIA, la policía de Memphis y el FBI, estaban involucrados. En el mencionado trabajo se dilucida que la verdad sobre la muerte de King se esconde en el fallecimiento de Billy Eidson, comandante al cargo de la unidad de francotiradores de los Boinas Verdes, quien, según Pepper, fue eliminado para ocultar la verdad. No sólo era falso el télex militar que denunciaba el fallecimiento de Eidson publicado en el libro de Pepper, sino que además el mismo Eidson fue descubierto "vivito y coleando" con un monumental enfado por habérsele involucrado en el asesinato de King. Y no sólo él, también la vigésima unidad de Boinas Verdes de las Fuerzas Especiales de Alabama se encontraban especialmente descontentos con la acusación. Pese a estas declaraciones de falsedad de datos en la obra de Pepper, la futura reedición del libro no tuvo ningún problema en salir a la luz. De hecho, cuando se publicó poco después de la muerte de James Earl Ray en 1998, las primeras se agotaron inmediatamente, por lo que muchos pensaron si no se trataría sólo de una buena estratagema comercial en un momento oportuno.

Pese a que las pruebas de Pepper en cuanto a la presunta vinculación del gobierno y parte de sus estamentos en el asesinato de King, fueron vagas —sino ridículas—, no era el único en creer esta presunta relación. La mujer de King, Coretta Scott y su hijo Dexter declararon en más de una ocasión —y ante los medios de comunicación— que el gobierno y otras entidades responsables del mismo —como el FBI— estaban implicadas.

3ª Teoría de la Conspiración:

En 1998, saltó a los medios de comunicación, una noticia que hizo resurgir de sus cenizas al personaje citado por Ray en sus declaraciones: Raúl. Todo provino del refrigerador de un agente del FBI.

Ese año, Donald Wilson, un jubilado de la Oficina Federal de Investigación declaraba que el mismo día del asesinato de King había encontrado en el coche de Ray pedazos de papel con el nombre de Raúl escrito en ellos. Según Wilson, tomó la evidencia y la guardó en su congelador durante treinta años… De tomarse como irrefutable esta prueba, se podría validar las declaraciones de Ray en torno al misterioso personaje, pero además se pondría en evidencia una ocultación de material por parte del FBI.

La misma oficina declararía ante tales acusaciones, que Donald Wilson no participó en las labores de búsqueda aquel día, y que por tanto la creación de la prueba era un fraude total orquestado y gestado por el propio Wilson con el fin de ganar dinero y notoriedad en un momento en el que las investigaciones se habían reabierto.

4ª Teoría de la Conspiración:

La cuarta teoría de la conspiración, junto con la tercera, son las que motivaron la reapertura del caso en 1998 por parte de la secretaria de Justicia Jane Reno.

En 1993, en un programa de televisión y ante la mirada incrédula de cientos de telespectadores, un hombre llamado Loyd Jowers declaraba que en abril de 1968 un distribuidor relacionado con la mafia le pagó 100.000$ para contratar a un asesino a fin de liquidar a Martin Luther King, asegurándole que ese día la policía no estaría en los alrededores[1]. Jowers afirmó con rotundidad que el hombre que contrató no era James Earl Ray.

Este caballero por aquel entonces regentaba un restaurante que se encontraba al otro lado de la calle donde se ubicaba el hotel

King en el hotel Lorraine antes de ser brutalmente asesiando.

Larraine, en el cual fue asesinado King. Según la *CNN*, Jowers afirmó que el asesino habría disparado con un arma proporcionada por un tal Raúl, desde un lugar ubicado en la parte de atrás de su restaurante, y no desde el citado hotel en el que se alojaba Ray.

Tras estas palabras, la familia de King emprendía una querella contra Jowers, un hombre de 73 años gravemente enfermo que no pudo acudir al juicio. Un jurado civil de Memphis —en diciembre de 1998— entendió que la demanda contra Loyd Jowers por su implicación en el asesinato debía fallarse a favor de los demandantes, declarando por primera vez desde que muriera el Premio Nobel de la Paz, que *"el líder de los*

---

[1] Tal y como sucedió, pues ese día —al contrario de otros— el reverendo King no estaba protegido por la policía como era habitual.

derechos civiles había muerto víctima de una vasta conspiración y no de un asesino solitario".

Lewis Garrison, abogado defensor de Jowers, declaró que aunque se pudo probar que King había muerto como producto de una trama oculta, la participación de su defendido fue mínima. La familia del difunto recibió en compensación lo que había solicitado, una suma simbólica de 100 $ ya que su única intención era esclarecer lo sucedido y sacar a la luz toda la verdad.

Al finalizar, uno de los integrantes del jurado, David Morphy, afirmó: *"El asesinato de King fue demasiado complejo para una sola per-*

Tanto el asesinato de Kennedy como el de Martin Luther King siguen envueltos en misterio; aún estamos lejos de la aclaración.

sona. Todos pensamos que, con las pruebas presentadas por el abogado defensor William Pepper, hubo muchas más involucradas; todos, la CIA, el FBI, las fuerzas militares, etc. Lo que sentimos es que Jowers esté también involucrado".

Poco duraría la alegría. En junio de 2000, la investigación iniciada por Jane Reno dos años atrás concluía que, pese a las pruebas aportadas por el ex-agente del FBI Donald Wilson, y a las declaraciones de Loyd Jowers, *"no se encontraron evidencias dignas de crédito que atestigüen que el doctor King fuera asesinado por conspiradores que se aprovecharan del hombre que fue condenado por el crimen y que murió en prisión en 1998, James Earl Ray"*.

La familia King decidió no emprender más acciones legales, aunque se mostraron en desacuerdo con el informe de más de 150 páginas, aportadas por la comisión de investigación.

Martín Luther King rechazó la guerra de Vietnam y lo asesinaron... pero su sueño se cumplió.

"El que está abajo, no ha de temer las caídas"
John Bunyan

CAPÍTULO 9

11-M, la gran conspiración española

EL 11-M PASARÁ A LA HISTORIA como las siglas de un día funesto para una sociedad, la española, que difícilmente podrá olvidar jamás los terribles hechos acaecidos. Aquella mañana del 11 de marzo, España entera contemplaba entre el miedo y la indignación como el sueño de un país libre y en paz se truncaba al mismo tiempo que el sonido de la onda expansiva de las bombas recorría el alma de todos los madrileños... de todo el planeta.

No es fácil escribir sobre un tema que aún tenemos tan fresco en la memoria, y que de manera tan espantosa ha calado en lo más hondo de toda la humanidad. Es por supuesto una tarea de todos y cada uno de los españoles, reflexionar sobre el cómo y el por qué se ha llegado a esta situación; algo que se me antoja hicieron un elevado porcentaje de los ciudadanos de este país que acudieron el 14-M a las urnas.

Analizaremos aquí, a modo de cronología, los hechos que llevaron a la sociedad española a acusar a su gobierno de "mentiroso y manipulador". Estudiaremos día a día los hechos, y tras la conclusión habrá de ser usted, querido lector, el que habrá de poner las piezas en su sitio, esto es, los puntos sobre las íes.

Jornada 01/04; "Del 11-M al 14-M. Los atentados"

11 de marzo de 2004; 07.40 horas
PROXIMIDADES ESTACIÓN DE TREN DE ATOCHA

EL CONVOY DE CERCANÍAS PROCEDENTE DE GUADALAJARA con destino Chamartín hacía su llegada a la estación de ferrocarril de Atocha aproximadamente a las 07.39 H. En ese aciago momento explosionaban tres mochilas bomba cargadas con 20 kilos de dinamita cada una. El caos y el miedo se desataban en la estación; la gente corría despavorida y otras intentaban ayudar a las decenas de heridos que dejaba la onda expansiva, y la metralla... 49 inocentes perdían la vida al instante. Minutos después hacía explosión otro grupo de cargas; en esta ocasión las víctimas eran los tripulantes del tren que había salido de Alcalá de Henares a las 07.05 H. con destino a Alcobendas. En esta ocasión fallecían 59 personas. El caos era total. La gente que caminaba por la calle Tellez, lugar próximo a la zona de la segunda detonación, corría a buscar refugio. Sin embargo no sería la ultima explosión que se oiría en los alrededores de la estación de Atocha; quedaban otras dos cadenas de deflagraciones que sesgarían la vida de otros casi 100 viajeros más. La situación más trágica se produjo en la estación de Pozo del Tío Raimundo. Entre los restos de acero y hierros retorcidos perdían la vida otras 68 personas. El último explosionaba a las 07.42 H. cuando circulaba por la estación de Santa Eugenia, asesinando a 16 personas.

En total 192 asesinados y más de 1.400 heridos y mutilados es el balance provisional. Seguido al estruendo de la última detonación se

**Estado en el que quedó el tren tras la explosión en la estación
del Pozo del Tío Raimundo.**

hizo un silencio sepulcral sólo roto por los sollozos de los afectados y los gritos de auxilio que salían ahogadamente de los cientos de heridos diseminados por los andenes y vías férreas de la estación.

La barbarie y el terror se habían apoderado de repente de la capital española.

11 de marzo de 2004; 09.30 horas
LÍDERES POLÍTICOS CONDENAN A ETA

LOS PRINCIPALES LIDERES POLÍTICOS condenan a la banda terrorista ETA. En palabras del lehendakari Juan José Ibarretxe, *"ETA está escribiendo su final"*. Sin embargo, Mariano Rajoy, candidato del PP a la presidencia, hace unas declaraciones a las 12.00 horas donde no condena a ETA por la masacre sino al terrorismo en general.

11 de marzo de 2004; 10.30 horas
ARNALDO OTEGUI: "ETA NO HA SIDO"

A LAS 10:30 EL LÍDER DE LA ILEGALIZADA BATASUNA declara a los medios de comunicación que *"ni por los objetivos, ni por el modus operandi, la masacre puede ser responsabilidad de ETA. Puede ser un operativo de la resistencia árabe"*.

11 de marzo de 2004; 13.15 horas
ÁNGEL ACEBES: "ETA SE HA SALIDO CON LA SUYA"

CINCO HORAS DESPUÉS DE LOS ATENTADOS Ángel Acebes, ministro del Interior, comparece por primera vez ante los medios y confirma la autoría de ETA en los atentados: *"Desgraciadamente en esta ocasión ETA ha conseguido su objetivo"*.

11 de marzo de 2004; 14.30 horas
COMPARECENCIA DE AZNAR DESDE LA MONCLOA

VARIAS HORAS DESPUÉS DE LOS ATENTADOS, los servicios de Bomberos, Policía Municipal y las Fuerzas y Cuerpos de Seguridad del Estado tenían controlada la situación en las proximidades de las zonas de los atentados. Se conoce por primera vez la cifra exacta de fallecidos, que asciende al terrorífico número de 199.

A las 14.30 horas el presidente José María Aznar comparece ante los medios de comunicación y, en un discurso cargado de sentimiento hacia las víctimas y sus familiares, destaca la labor de los cuerpos de seguridad así como la pronta y desinteresada colaboración de la ciudadanía. Las colas para donar sangre en los hospitales se perdían en la lejanía.

Lo más destacable del discurso de Aznar, según destacan los rotativos nacionales y los medios de comunicación, es que no nombra a la banda terrorista como culpable, sino que habla del terrorismo en general. Si embargo, si se analiza el contenido del mismo se observa claramente que hace alusiones a ETA:

"Todos sabemos que este asesinato masivo no es la primera vez que se intenta[1]... No hay negociación posible ni deseable con estos asesinos que tantas veces han sembrado la muerte por toda la geografía española...".

Las alusiones a la banda terrorista son bastante claras. Lo que extraña es por qué motivo si todo el mundo condenaba el atentado como perpetrado por ETA, entre ellos el mismo ministro del Interior, nuestro presidente hablaba con acertijos sin decir de forma clara y tajante que había sido ETA. Parece denotar un conocimiento más amplio de la información que hasta el momento manejan los medios de comunicación, más aun cuando poco tiempo antes de la comparecencia, el mismo presidente había llamado telefónicamente a los principales diarios de Madrid y Barcelona para dejar muy claro que *"para mí [José Maria Aznar] no hay ninguna duda de la autoría, [la banda*

---

[1] Se refiere al arresto de los etarras detenidos el 29 de febrero cuando transportaban una furgoneta cargada de explosivos para colocar en un polígono industrial.

terrorista ETA] llevan intentándolo desde hace tiempo y lo hemos evitado tres veces"[2]. Esto son sólo especulaciones. Regresemos a los hechos.

11/03/2004; 17.30 horas
ANA PALACIO ENVÍA UNA NOTA A LOS EMBAJADORES ESPAÑOLES

LA CADENA SER ANUNCIA LA EXISTENCIA de una nota enviada por Ana Palacio a los embajadores en España a la que ha logrado tener acceso[3]. En la misma, la ministra ordenaba que se confirmase a los medios de comunicación de sus respectivos países que el autor de los atentados no era otro que la banda terrorista ETA.

La atención a los afectados puso a prueba a toda la sociedad madrileña

En la misiva difundida advertía además de la existencia de fuerzas políticas que intentaban confundir a la opinión pública sobre la autoría de los atentados.

Acompañando a la misma se adjuntaban dos documentos: una nota de la Agencia EFE y otra con la declaración institucional del

---

[2]   Diario *El Mundo*, edición del domingo 21 de marzo de 2004
[3]   La nota rezaba así: "Deberá aprovechar aquellas ocasiones que se le presenten para confirmar la autoría de ETA de estos brutales atentados, ayudando así a disipar cualquier tipo de duda que ciertas partes interesadas puedan querer hacer surgir entorno a quién está detrás de estos atentados".

presidente José Maria Aznar. En ésta se hacía hincapié de nuevo en la culpabilidad de ETA, puesto que el explosivo utilizado es el usado normalmente por esta banda en sus atentados. El dato posteriormente se desmentiría[4].

Las consecuencias inmediatas de la carta son que se apruebe una Resolución General de la ONU[5] en la que se condena a la banda terrorista ETA como autora de los atentados de Madrid. Sólo Rusia discrepa de esta tesis.

11 de marzo de 2004; 18.30 horas
LLAMADA AL DIARIO "GARA": "NO HEMOS SIDO NOSOTROS"

UN COMUNICANTE ANÓNIMO que dice pertenecer a la banda terrorista, manifiesta en una llamada al *Diario Gara*, que ETA no tiene nada que ver con los atentados de esa misma mañana. También el ente público *ETB* afirma la recepción de llamadas y mensajes con el mismo contenido. El misterioso personaje indica que podría confirmarse su voz con la del comunicado de hacía sólo unos días, en el que ETA anunciaba su tregua en Barcelona. Punto que se realiza y se confirma.

11 de marzo de 2004; 20.00 horas
ÁNGEL ACEBES OFRECE RUEDA DE PRENSA

APROXIMADAMENTE DIEZ HORAS después de la llamada que alertaba sobre una misteriosa furgoneta[6] estacionada en las inmediaciones de Alcalá de Henares, el ministro del Interior confirma que en ésta se han encontrado siete detonadores, y algo más importante: una cinta

---

[4] Periódico *El Mundo*, edición del domingo 21 de marzo de 2004. En próximas páginas existe más información.
[5] Organización de Naciones Unidas.

de cassette con letras escritas en árabe, que contenía versos recitados del Corán.

Sin embargo Acebes insiste en que la principal línea de investigación no es otra que ETA, aunque se estudian otras posibilidades. Se apoya en esta aseveración argumentando que los terroristas habían intentado ya en más de una ocasión un atentado de grandes dimen-

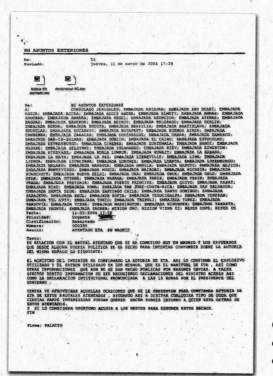

Carta que fue cursada a las embajadas

siones, como dejaba entrever la reciente incautación de una furgoneta cargada de explosivos, así como el intento de un atentado en Madrid la pasada Nochebuena.

---

[6] Sustraída el pasado 28 de febrero de 2004 en Madrid.

11 de marzo de 2004; 20.30 horas
AZNAR SE COMUNICA DE NUEVO CON LOS PERIÓDICOS

EL PRESIDENTE AZNAR, al término de la comparecencia de Acebes, llama de nuevo a los principales rotativos del país y les insiste en su convicción de que los atentados han sido cometidos por ETA[7].

11 de marzo de 2004; 21.00 horas
PRIMERA REIVINDICACIÓN DEL ATENTADO

SE INFORMA A NIVEL MUNDIAL de que un diario árabe editado en Londres –*Al Qods al Arabi*– tiene en su poder una carta en la que se reivindica la autoría de los atentados a "Las Brigadas de Abu Hafs al Masri", una célula de *Al-Qaeda* responsable de entre otros del atentado de las Naciones Unidas en Bagdad, la acción terrorista contra las tropas italianas en Naseriya, y los atentados contra las sinagogas e intereses británicos en Estambul.

11 de marzo de 2004; 00.00 horas
AZNAR Y URDACI CARA A CARA

EL PRESIDENTE DEL GOBIERNO concede una entrevista a Alfredo Urdaci en *TVE1* en la que asegura que *"todo nos lleva a que la autoría corresponde a ETA... ya lo había intentado en otras ocasiones... Zaplana afirmó que se está creando un escenario de confusión por parte de algunos*

---

[7]   Boletín informativo de la *Cadena Ser* 13 de marzo de 2004. (www.cadenaser.com).

cuando todo apunta a la misma dirección, a que ha sido ETA la autora de los atentados" [8].

Fin de la jornada 01/04–Conclusiones

TRAS EL COMPLETO ANÁLISIS DE LA JORNADA queda patente que el clima de desconfianza y desconcierto reina en toda España, y así se denota de las manifestaciones organizadas para las 19.00 horas de este día, en las que muchas personas preguntaron *"¿quién ha sido?"*.

Documento desclasificado por el gobierno citando el hallazgo de la furgoneta presuntamente relacionada con los atentados del 11-M.

---

[8] Extraído del boletín informativo de la *Cadena Ser* 13 de marzo de 2004. (www.cadenaser.com)

Y no era para menos; pocos podían comprender la absurda postura del gobierno; absurda por un lado y consciente por el otro. Todos o casi todos creímos desde un primer momento en la autoría de ETA en estos viles atentados, pero según avanzaba el día, las dudas se cernían sobre las cabezas de los españoles, cuales negros nubarrones...

En esta primera jornada se deja entrever que los altos cargos del país no saben con qué pieza hacer movimiento sobre el complicado tablero que tiene ante sí. Poseen la información anticipadamente, de eso no cabe duda, y se plantean qué estrategia seguir. El presidente comparece ante los medios de comunicación y anuncia su sentido pésame, su angustia por los familiares de la víctimas y su repudio por los terroristas sin nombrar en ningún momento a ETA, pero dejando entrever que no puede tratarse de otra banda terrorista. Sin embargo, minutos antes no duda mediante el uso del teléfono en llamar a los rotativos del país para dejar clara y tajantemente que la culpable es ETA. Lo mismo hace su "pupilo" Mariano Rajoy, quien en su comparecencia tampoco nombra a los etarras.

Este comportamiento no deja de ser extraño, más cuando anteriormente el ministro de Asuntos Interiores de su gobierno ha anunciado abiertamente que la culpable es ésta, y nadie más.

Además Arnaldo Otegi había negado sólo unas horas después de los atentados la posible vinculación de ETA en los mismas, señalando con el dedo a posibles radicales islamistas como autores de la matanza. ¿Tenía Otegui alguna información adicional? Posiblemente no, pero ante la crudeza de los atentados era lo más plausible, sin por ello quitar importancia a otro tipo de acciones terroristas, que delez-nables y monstruosas son absolutamente todas. El gobierno no le creyó y ni siquiera tomó en serio sus aseveraciones, le criticó por querer crear un clima de incertidumbre y dejó claro que evidentemente había sido ETA, declaraciones por otro lado totalmente comprensibles debida la fuente, aunque en una investigación como la que nos ocupa no se deba de dejar nada al margen.

La circular difundida por Ana Palacio es lo más grave de la jornada. El mensaje llegó a manos de la *Cadena SER* y fue difundida a "bombo y platillo" durante todos sus informativos; no en vano estaba señalada como URGENTE y CONFIDENCIAL. Según esta cadena[9] la circular fue remitida por el ministerio de Exteriores poco después de las cinco de la tarde, cuando ya se había abierto la hipótesis de que la organización terrorista *Al Qaeda* pudiera estar detrás de los atentados, y varias horas después del apresamiento de la misteriosa furgoneta blanca en Alcalá de Henares, de la que no se informó públicamente hasta las 20.00 horas.

Está claro que la intención del ministerio no era otro que instar a sus embajadores a difundir la autoría de ETA a nivel internacional, fuera esta cuál fuera la postura de los diplomáticos.

La omisión de la palabra ETA en los discursos de Aznar y Rajoy quizás pudiera deberse al conocimiento de esa cinta con versos del Corán, que se encontró en el interior de la furgoneta *Renault Kangoo* abandonada por los terroristas en Alcalá de Henares. Si nos atenemos a la hora de entrada del vehículo en las instalaciones policíales de Canillas, ésta es posterior[10] a la de la comparecencia de Aznar y Rajoy. ¿Quiere decir esto que Aznar no supo de la existencia de la cinta hasta mucho más tarde? Es posible, pero hay que señalar que la referida hora de entrada se conoce gracias a los documentos desclasificados por el gobierno el viernes 19 de marzo de 2004, informes que están firmados, asegurando que la llegada de la furgoneta se produce el día 18 de marzo de 2004, ¡una semana después! De lo

---

[9] *Cadena SER*. Boletín informativos del 12 de marzo de 2004. (www.cadenaser.com).

[10] La hora de entrada se fijó a las 15.30 horas.

que no cabe duda es que la responsable del ministerio de Asuntos Exteriores que difundió la circular acusando a ETA, podría tener en sus manos dicha información. De hecho en la circular se aludía a que los explosivos encontrados reafirmaban la autoría, y como ya he comentado, dicha confirmación resultó ser falsa.

Antes de esto Ángel Acebes anunciaba el descubrimiento de la cinta y los siete detonadores en la furgoneta blanca; habían necesitado más de diez horas de trabajo para dar a conocer estos datos. También anunciaron que la postura oficial del gobierno no dejaba dudas a otra posible autoría que no fuera ETA. Al parecer los mandatarios pretendían, primero manejar la información y actuar consecuentemente con ella, y posteriormente de la mejor manera posible. Que la usara en su propio beneficio es una reflexión que debemos de hacer todos.

Para más extrañeza, Aznar volvía a llamar a los medios de comunicación para reforzar las declaraciones de Acebes, y reiterar a los mismos que las pistas señalaban indudablemente a ETA[11].

En ese momento, el presidente ya tenía indudablemente en su conocimiento la existencia de la cinta con versos del Corán, la negativa de Otegi y las declaraciones a *Gara* de un portavoz de la banda terrorista en la que se negaba cualquier vinculación de ésta con el atentado. Sin embargo –y pese a tener más pistas hacia la opción islámica que a la de ETA–, el gobierno continuó señalando a ésta última como responsable, eso sí, manteniendo abiertas otras líneas de investigación. No obstante la jornada no había acabado y aún deparaba algunas sorpresas. A las 21.00 horas los informativos de todo el mundo daban a conocer la recepción de una carta en un diario árabe londinense, en la que un grupo perteneciente a una célula de *Al Qaeda* reivindicando los atentados de Madrid.

---

[11] Especial informativo *CNN+* "88 horas después", emitido el 20 y 21 de marzo de 2004.

La noticia debió de caer como un jarro de agua fría para el Partido Popular que dirige José María Aznar, pero éste no se arrugó y en una entrevista concedida a su buen amigo Urdaci a las 00:.00 horas, el presidente seguía apuntando a ETA como responsable.

Con respecto al señor Urdaci, cabe señalar que esa misma noche informaba sobre los comunicados de ETA al diario *Gara* y *ETB* justo al final de las movilizaciones en Madrid, añadiendo acto seguido que en el atentado de *Hipercor* *"ETA había negado la autoría"*. Minutos después el propio Urdaci reconocía que se había equivocado y explicaba que ETA sí revindicó esa acción terrorista.

Ajenos a todo ésto, once millones de españoles se manifestaban contra el terrorismo; de ellos 2,5 millones en Madrid. Es quizás la mayor manifestación en la historia de España.

Resumamos: Brutal matanza, más propia de un 11-S que de un *Hipercor*; Otegi niega la autoría de ETA; portavoces de la propia banda terrorista ETA niegan ser los causantes de la masacre; aparece una cinta con versos del Corán; un grupo terrorista —que parece ser una célula de *Al Qaeda*— reivindica el atentado de Madrid; una fecha que nos recuerda inevitablemente a los atentados del 11-S en Nueva York, y otra cifra más significativa que roza lo increíble: 911 días después de los atentados contra las Torres Gemelas del *World Trade Center*. Realmente macabro el juego de números...

Jornada 02/04; "Del 11-M al 14-M; el día después"

ESTE ES SIN DUDA EL DÍA MÁS DIFÍCIL para el gobierno. Las acusaciones empiezan a llamar a su puerta y no todas provienen precisamente del partido opositor. La más duras de afrontar provenía de la gente de a pie, del propio pueblo que incluso durante la manifestación de la anterior jornada insultaron a dirigentes del gobierno con calificativos tan graves como "asesinos".

La jornada amanecía gris; el corazón de los españoles y prácticamente el del mundo entero estaba compungido. Los miles de heridos atestaban los hospitales; la gente no paraba de congregarse, de depositar flores y velas en señal de recuerdo de las víctimas en los lugares próximos a las zonas donde sucedieron los atentados; decenas de psicólogos y trabajadores sociales atendían desinteresadamente a los familiares que aún no habían superado el despiadado golpe. La tristeza reinaba en el aire.

Durante toda la noche la actividad informativa no paraba de generar actualidad, y cientos de datos circulaban por las agencias de información. Nacía un día frenético para el gobierno, una jornada en la que no habría campaña electoral al quedar suspendida por los actos del día anterior.

12 de marzo de 2004;
02.40 a 05.15 horas
ENCUENTRAN Y DESACTIVAN
UNA DE LAS BOMBAS

Portada *El País*, el
11 de marzo de 2004.

LA COMISARÍA DE VALLECAS llama a los especialistas en explosivos para que analicen y desactiven una posible mochila que podría contener una bomba sin estallar. Más de tres horas después se desactiva el explosivo y ésta pasa a ser analizada por los especialistas.

12 de marzo de 2004; 07.00 horas
LA PRENSA EXTRANJERA DESTACA LA INCERTIDUMBRE

LOS PRINCIPALES DIARIOS EXTRANJEROS salen en portada con los atentados de Madrid. Algunos de ellos –como el frances *Le Monde*– no tiene clara la autoría y titula "INCERTIDUMBRE SOBRE LOS ATENTADOS EN MADRID".

Otros, como los portales de Internet de *BBCMundo*[12], explican que EEUU analiza los atentados de Madrid. Según el mismo, Asa Hutchinson, subsecretario de Seguridad de Fronteras y Transporte de dicho país, señala que investigará si existe alguna amenaza para los servicios ferroviarios de la nación norteamericana.

12 de marzo de 2004; 11.30 horas
COMPARECENCIA DEL PRESIDENTE DEL GOBIERNO

EL PRESIDENTE AZNAR comparece de nuevo ante los medios e insiste en que la principal línea de investigación sigue siendo ETA, atestiguando una vez más no descartar otras posibilidades. Añade que no da crédito a las manifestaciones de los portavoces de ETA, ni a Otegi, y pone en duda la veracidad de la nota que confirma la autoría del grupo islámico aparecido en el diario londinense.

Todas las portadas de los periódicos publicaron fotos estremecedoras.

DAVID HEYLEN CAMPOS

---

[12] Portal de Noticias BBCMundo. Noticia aparecida el 12 de Marzo de 2004 (www.bbcmundo.com)

12 de marzo de 2004; 18.00 horas
COMPARECENCIA DE ÁNGEL ACEBES

EL MINISTRO DIFUNDE POR PRIMERA VEZ la información referente a la mochila incautada con un explosivo sin detonar, compuesto por varios kilos de *Goma-2 ECO*, en cuyo exterior se habían incluido varios objetos a modo de metralla. Como temporizador se utilizó un dispositivo de telefonía móvil que se estaba analizando.

Esta imagen no se olvidará facilmente.

Acebes manifiesta que *"ETA es la principal línea de investigación... no hay en estos momentos, ningún motivo para que no fuera así"*. También reitera la poca credibilidad de la reivindicación de la nota islámica.

El gobierno sigue insistiendo en la postura basada en los sucesos recientes en los que se detuvo a dos sospechosos de ETA en vísperas de Navidad con dos sacos repletos de explosivos del mismo tipo en otra estación ferroviaria, así como la interceptación de un pequeño camión que transportaba 500 kilos de explosivos, en el cual había un plano de Madrid de la misma zona en que se produjeron los atentados del 11-M[13].

Fin de la jornada 02/04–Conclusiones

LAS APARICIONES OFICIALES EN ESTE DÍA SON POCAS, pero las noticias que recorren el mundo entero dan para llenar la crónica de todo un año. Los principales líderes políticos de España piden claridad al

---

[13] Extraído de la nota de prensa de France Presse el 12 de Marzo de 2004.

gobierno, entre ellos el candidato del PSOE José Luis Rodríguez Zapatero.

Determinantes son también las portadas de los principales periódicos internacionales, que se plantean la posible autoría de *Al Qaeda* en los atentados. Las más interesante quizás sean las del portal de Internet de *BBCMundo*, quien explica cómo el Departamento de Seguridad Interna de EEUU estudiará la amenaza de un ataque terrorista en su país. ¿Quiere esto decir que las ramificaciones de ETA llegan hasta los Estados Unidos? Nos tememos que no; más bien los derroteros van por otro cauce.

También es curioso ver cómo las cabezas pensantes del ejecutivo español se toman tan a la ligera las reivindicaciones de un grupo islámico como "Al Qods al Arabi" después de los otros grandes atentados que han perpetrado y reivindicado.

El Inconformista Digital señala que el pasado verano, cuando se produjo el gran apagón en los EEUU, esta misma organización reivindicó la autoría del mismo, pero el gobierno estadounidense se movilizó rápidamente para aclarar que todo había sido originado por una avería en una subestación central del país.

En días posteriores al 14-M, una conocida revista de carácter político, *La Clave*[14] analizaba en profundidad las jornadas posteriores al 11-M, y dejaba claro que hubo una cara de la moneda que no se nos enseñó; no era otra que el enfado y las discrepancias que tenían los servicios policiales con la política adoptada por el gobierno.

Desde las cinco de la tarde, y como ya comentamos, la ministra Ana Palacio había enviado una circular donde se mencionaba que el explosivo encontrado era el utilizado por ETA. Esta afirmación estaba muy alejada de la verdad. El material encontrado estaba com-

DAVID HEYLEN CAMPOS

---

[14] *La Clave*, 19-25 marzo de 2004. Nº 153.

puesto por *Goma-2 ECO*, un explosivo hallado también en la furgoneta blanca durante su primera revisión, momento en el cual la policía avisó de que éste nunca había sido utilizado por ETA –la banda terrorista siempre utiliza un compuesto llamada *Titadine*–.

Al parecer –y según comenta dicha publicación–, desde las doce del mediodía, la policía empieza a descartar la autoría de ETA y lo comunica. Empero, en la comparecencia, Acebes continúa acusando frenéticamente a ETA. Esto molesta indudablemente a la Policía, que ya había indicado con anterioridad que todo señalaba a *Al Qaeda*. Las primeras discrepancias surgen entre el ministro y los responsables de seguridad, lo que está a punto de provocar la dimisión de Jesús de la Morena, principal responsable de la lucha antiterrorista de la Policía.

Los servicios de seguridad no se informan entre ellos; existe recelo y desconfianza, la situación es realmente delicada, y el Jefe Superior de Policía, Miguel Ángel Fernández Rancaño inicia sus propias investigaciones habida cuenta de la nula transparencia de las diferentes agencias.

También la *Cadena SER* informa de varias noticias que no aparecen a nivel general en los medios de comunicación. Éstas se refieren a la difusión por parte de la Policía de varias imágenes de terroristas etarras que pudieran estar detrás de la matanza, así como la posible inmolación de un terrorista en el interior del tren.

A este último apartado se refiere el gobierno argumentando que dichas afirmaciones son falsas, y así lo demuestra en los documentos del *CNI* desclasificados el pasado 19 de marzo, donde se deja claro que *"no existen indicios con base científica que permitan suponer la existencia de un suicida entre las víctimas"*.

Para mantenernos en la duda –y a su vez para dejar claro que la aparentemente transparencia en la desclasificación no ha sido tal–, los documentos son firmados el 17 de marzo, seis días después de los atentados.

En el informe se asgura con rotundidad que entre el día 12 y el 13 se realizaron 192 autopsias, de las cuales se llegaron a identificar los cuerpos de 155 personas. ¿No era posible que entre los cadáveres sin identificar —entre los que al parecer hay muchos inmigrantes—, existiera un posible suicida? ¿Por qué se firma el documento el día 17-M si la información que se ofrece en el mismo concluye el día 13-M? ¿Por qué cuando el equipo de forenses del prestigioso instituto israelí *Greenberg*, especialistas en el reconocimientos de víctimas por atentados suicidas, ofrecen sus servicios para dilucidar este extremo[15], el gobierno rechaza dicha ayuda? ¿No habían sido los especialistas españoles los que llamaron a éstos por vez primera? ¿Temían que pudiera producirse una relación entre ésta y los atentados? Y si esto es así, ¿por qué temer dicha relación si tan seguros estaban de que había sido ETA?

Ajeno a todos estos interrogantes, el dirigente de la ilegalizada Batasuna Fernando Barrena denuncia, en unas duras

Portada del periódico
*La Voz de Galici*a el
17 de marzo de 2004.

---

[15] Diario digital *El Adelanto de Salamanca*, con fecha del 13 de marzo de 2004.

acusaciones, que el PP esta *"reteniendo información porque quiere ganar tiempo"* y tiene "miedo" de que esto le suponga un coste electoral.

En días posteriores también se conoce el aislamiento de presos de ETA así como de origen islámico en las principales cárceles del país, el mismo jueves de las elecciones.

Resumiendo

DEMASIADAS PRECAUCIONES se tomaba el gobierno para no creer en la autoría islámica. La banda terrorista no conseguía convencerles pese a la verificación de la voz del comunicante al diario *Gara* y al ente público *ETB*, y eso que días antes habían dado como válida la tregua en Cataluña en la voz del mismo comunicante.

La línea principal de investigación seguía siendo ETA, pese a que las pruebas y evidencias señalaban cada vez más vagamente a esta banda terrorista. El gobierno no quería creer que había sido un grupo islámico, pese a que en fechas pasadas el gobierno español reconocía a la *Europol* que tras la decisión de España de entrar en el conflicto armado de Irak y enviar tropas al lugar, el riesgo de ataques islámicos aumentaba considerablemente. *"Probablemente, los atentados serían espectaculares, ciegos, acciones crueles, e indistintos, con la intención de causar el mayor número de víctimas. El ataque suicida seguirá siendo la primera opción"*[16]. Éstas eran algunas de las aseveraciones que se hacían en el informe enviado a la *Europol*.

Para colmo de males se comenzaron a conocer las discrepancias entre los servicios de seguridad y el gobierno, cuando éste último se reafirmaba en que su línea de investigación principal hacia ETA era debida a las informaciones de los primeros.

---

[16] *Europa Press*. Nota de prensa enviada el 17 de marzo de 2004.

En palabras de Rodrigo Rato[17], *"Si ellos* [la policía] *les dan valor* [negativa de ETA en la autoría], *yo se los daré, si no, no se lo daré"*.

Es evidente que alguien no dice la verdad.

Jornada 03/04; "Del 11-M al 14-M, reflexión"

ÉSTE, SEÑALADO COMO "Día de Reflexión" ante las inminentes votaciones de la jornada siguiente, se convierte en uno de los más importantes en relación con las pesquisas policiales. A pesar de que la ley prohíbe a los candidatos hacer campaña electoral, declaraciones o apariciones en medios de información, éstos lo hacen de manera indiscriminada denunciándose unos a otros.

La jornada de reflexión previa a las elecciones del 14-M se convierte en la más polémica de la historia de España.

Mientras tanto las víctimas siguen aumentando; el número alcanza ya los 200 y los heridos van siendo dados de alta con cuentagotas. A pesar de todo aún permanecen ingresadas más de 250 personas con diversidad de pronósticos médicos.

13 de marzo de 2004; 07.00 horas
EL MUNDO PUBLICA UNA ENTREVISTA A MARIANO RAJOY

EN ESTA EDICIÓN recoge en sus páginas una entrevista al candidato del Partido Popular en la que *"asegura tener la convicción de la autoría de ETA"*. El colectivo de Izquierda Unida denuncia el hecho a la Junta Electoral por salir en la jornada de reflexión.

DAVID HEYLEN CAMPOS

---

[17] *Europa Press*. Nota de prensa enviada el 12 de marzo de 2004.

13 de marzo de 2004; 12.00 horas
COMPARECE EL PORTAVOZ DEL GOBIERNO

EL MINISTRO PORTAVOZ, comparece e insiste en la transparencia del gobierno.

13 de marzo de 2004; 14.30 horas
COMPARECENCIA DE ÁNGEL ACEBES

ÁNGEL ACEBES APARECE DE NUEVO para insistir una vez más en la autoría de ETA, siguiendo en el convencimiento de que las anteriores detenciones y el apresamiento del camión cargado con 500 kilos de explosivos como evidencias así lo indican, al menos de forma lógica. Se siguen analizando las otras líneas de investigación. No ofrece nuevos datos.

13 de marzo de 2004; 14.45 horas
BOLETÍN DE NOTICIAS DE LA CADENA SER

POCO TIEMPO DESPUÉS DE LA COMPARECENCIA DE ÁNGEL ACEBES, *Cadena SER* confirma que según fuentes del *CNI*, sus investigaciones se centran ahora en un 99% en un grupo extremista islámico[18].

13 de marzo de 2004; 14.45 horas
LA AGENCIA EFE EMITE: "LAS PISTAS APUNTAN A ETA"

MINUTOS DESPUÉS DEL COMUNICADO DE LA SER, el hombre del gobierno en la Agencia EFE, Miguel Platón, *"fuerza en medio de las protestas de los redactores"*[19] el envío de una noticia que reza lo siguiente:

---

[18] Boletín informativo "Lo que dijo el gobierno sobre la autoría", aparecido en *Cadena SER* el 19 de marzo de 2004 (www.cadenaser.com)

[19] Boletín informativo "Lo que dijo el Gobierno sobre la autoría", aparecido en *Cadena SER* el 19 de marzo de 2004 (www.cadenaser.com)

"Las pistas apunta a ETA y descartan a Al Qaeda". La información apareció resaltada en la página Web de la agencia hasta la siguiente comparecencia de Ángel Acebes.

13 de marzo de 2004; 16.30 horas
DESMENTIDO DESDE EL CNI

LA SER INFORMA DE UN TELEGRAMA del CNI en el que se hace un dementido de las noticias anteriores, *"sólo se niega que se haya descartado a ETA"*.

Portada del periódico *La Voz de Galicia*. 13 de marzo de 2004.

Según comunica la *SER*, la cadena ya tiene constancia a esa hora de la detención de cinco sospechosos. La hipótesis de *Al Qaeda* se confirma, pero la citada emisora no hace pública la información por no entorpecer las pesquisas policiales.

13 de marzo de 2004; 20.00 horas
ACEBES COMPARECE DE NUEVO: "CINCO DETENIDOS"

ACEBES CONFIRMA LA DETECCIÓN DE CINCO SOSPECHOSOS, tres marroquíes y dos indios. *"Existe una línea de investigación muy buena y por esa se está avanzando, pero no se renuncia* [se refiere a ETA] *a ninguna otra, ni conexiones ni colaboraciones; veremos a dónde nos lleva esta vía".*

13 de marzo de 2004; 00.30 horas
EL MINISTRO DEL INTERIOR:
"AL QAEDA REIVINDICA LOS ATENTADOS"

ACEBES, DE NUEVO ANTE LOS MEDIOS, comunica la existencia de una cinta de vídeo, donde un supuesto líder perteneciente a Al Qaeda reivindica los atentados. *"Era nuestra convicción, como siempre dije con toda cautela, pero desde el convencimiento de que era la organización terrorista ETA",* explica Acebes.

Fin de la jornada 03/04 – Conclusiones

AL FINAL LOS PEORES TEMORES SE CONFIRMAN, y lo que era un secreto a voces se propaga sin remedio, eso sí, durante la madrugada del sábado al domingo, jornada en que se debe ir a votar.

La *Cadena SER* juega un papel importante en este día y acusa –no directamente– al gobierno de ocultar información, así como de la utilización de los medios de comunicación en su propio beneficio. Un ejemplo claro se observa en el cambio de la parrilla de programación de *Telemadrid*, que emite la película "Asesinato en Febrero", que narra la muerte del dirigente socialista Fernando Buesa durante la campaña electoral de 2000 a manos de ETA. Todo habría quedado en una mera anécdota de no ser porque la televisión pública hizo lo propio en la noche del sábado.

Sobran las explicaciones, y al que le falten que se remonte a la manipulación informativa realizada por *TVE* al no informar objetivamente sobre la huelga general —por lo que fue condenada judicialmente— o de cómo se minimizó la catástrofe del *Prestige*. Éstas son sólo algunas muestras para hacernos razonar sobre la actuación del ente *RTVE*.

En cuanto a *Cadena SER*, muchos han acusado duramente a la misma de no ser imparcial durante los días posteriores a los atentados. De hecho *Periodista Digital*[20] informa de la llegada a la redacción de un *mail* anónimo en la que un redactor de ésta denuncia cómo la emisora de PRISA tergiversó los hechos. El anónimo comunicante acusa en especial a su director Daniel Anido, de que ésta les obligó a *"privilegiar que la tesis de que la autoría del atentado era confusa"*, también que *"todas las exclusivas de la SER venían 'de arriba'"*, *"que la historia del terrorista suicida no tuvo ningún fundamento"*, y que el Servicio Anatómico Forense y el *CNI* llamaron para acusar de falsedad sus informaciones. La respuesta del Jefe Internacional de la cadena Ernesto Estévez no se hizo esperar, y calificó el *mail* de *"absurdo"* y de *"sarta de mentiras"*. Concluyó que la *SER* tuvo desde el principio el convencimiento de que la autoría de los atentados era de ETA, y así lo anunció en sus informativos. Aseveración totalmente cierta y comprobable; ésta, al igual que todas las cadenas e informativos condenaban a ETA tras los atentados, pero la situación viró con el hallazgo de la furgoneta.

Estévez también replica que el decir que todas las noticias venían *"de arriba"* es un insulto contra los redactores de la *Cadena SER*, y si no valga el ejemplo del redactor internacional que interceptó el comunicado de la ministra de Exteriores a los embajadores sitos en territorio español.

---

[20] *El Periodista Digital*, edición del 24 al 25 de marzo de 2004. (www.periodistadigital.com)

En cuanto al poco fundamento del terrorista suicida, se defiende esgrimiendo que fuentes policiales y los servicios forenses comunicaron a sus redactores que *"al menos una de las cabezas de los fallecidos presentaba un corte característico y muy similar al que tienen los terroristas que se autoinmolan en Oriente Próximo, historia además apoyada por las llama-*

Impresionante manifestación en Madrid. Nunca olvidaremos...

das que forenses madrileños realizaron a la embajada israelí para pedir asesoramiento a sus colegas hebreos".

Por último Estévez asegura que el director de la cadena nunca mantuvo conversaciones con el mandatario del *CNI*, Jorge Dezcallar, para que rectificaran o desmintieran sus declaraciones, y que lo mismo sucedió con el Anatómico Forense, de los que no recibieron llamadas para desmentir lo referente al terrorista suicida.

Por otro lado, el rotativo *El Mundo* acusa a la *SER* de llevar a cabo una labor de descalificación al gobierno, llegando al punto de hacerlo incluso en su programa de mayor éxito de audiencia "Carrusel Deportivo". Estévez defiende que debido a lo que estaba ocurriendo la cadena se centró en todos sus programas en la actualidad del momento, tal y como hicieron otros colegas de profesión como la *Cadena COPE*.

Lejos de dar la razón a uno u otro, lo que dejan entrever estas disputas, es la complicada situación que se vivía en esos momentos a nivel informativo. Está claro que cada partido político hacía uso de sus medios "preferenciales" para dar su postura ante lo acontecido. Sin embargo, los hechos y el tiempo fueron dando la razón a la *SER* en gran medida, aunque si bien es cierto, ésta se equivocó en ocasiones y es posible que exagerara alguna que otra información contraproducente para el PP.

Dejando a un lado las acusaciones que se hacen los medios informativos entre sí, y volviendo a lo que nos concierne, también sabemos que durante este día se anunciaron dos importantes noticias: la detención de cinco sospechosos y la aparición de una cinta de vídeo reivindicativa de *Al Qaeda*.

Con relación a la primera noticia, la revista *La Clave* sacaba a relucir una información realmente interesante referente a los detenidos. Al parecer, el presidente del PSOE recibe gracias a un confidente[21] la noticia de que a media tarde han sido detenidos 5 sospechosos. Ahora tiene en su poder una información crucial y observa cómo los dirigentes del gobierno no informan sobre ello, a pesar de que ya han transcurrido varias horas desde la detención. José Luis Rodríguez Zapatero decide, al parecer, y cito textualmente el artículo de Antonio Asenjo en *La Clave*, *"llamar telefónicamente a Ángel Acebes para informarle que conocía las detenciones, a la vez que dejaba entrever que, o las anunciaba el gobierno, o lo harían ellos"*.

Acusaciones realmente graves, pues dejan en evidencia la aparente transparencia de información por parte del ejecutivo. Las reper-

DAVID HEYLEN CAMPOS

---

[21] Posiblemente el Sr. Rancaño.

cusiones del aviso fueron muy graves. Por ejemplo, Juan del Olmo, juez de la Audiencia Nacional al frente del caso, mostró su enfado por la prontitud del anuncio, pues aún no había firmado el registro de las casas de los detenidos. En el caso opuesto se encontraba el juez Garzón, quien mostró su indignación al no ser puesto en antecedentes inmediatamente después de las detención, especialmente cuando dos de los detenidos, Mohamed Cahoui y Jamal Zougam estaban imputados por una investigación del mismo magistrado desde 2001 por su posible vinculación con la red terrorista de Bin Laden durante la "Operación Dátil".

Ante esto cabe preguntarse: si dos de los detenidos estaban imputados bajo sospecha de pertenencia a la banda armada internacional, ¿qué dudas le quedaba al gobierno para asumir la autoría de *Al Qaeda* desde las 20.00 horas y descartar definitivamente a ETA? ¿Por qué no anunciaron este hecho durante la comparecencia de Acebes a esa misma hora?

Seguir señalando a los activistas vascos parece absurdo a estas alturas, pero el partido en el poder continúa sin descartarlo, cosa que podía haber hecho desde el día anterior —cuando se descubrió la mochila con el celular[22] y el explosivo—. Al parecer el dispositivo móvil había sido modificado para ser utilizado como temporizador, unas manipulaciones muy similares a causa de las cuales la policía española el 23 de enero de 2003 había detenido a un grupo de argelinos relacionados con una célula integrista, manipulación por otro lado que desde hacía tiempo la policía había vinculado con el brutal asesinato en Balí cometido, como no, por *Al Qaeda*.

---

[22] El móvil resultó crucial para la detención de los cinco sospechosos. Gracias a la tarjeta activa del mismo, localizaron la tienda mayorista donde fue adquirida, y a partir de ahí a los dos ciudadanos de origen indio que indicaron que habían revendido la misma a los otros tres marroquíes.

La otra noticia se ofrece en la rueda de prensa celebrada por Acebes ¡pasada la medianoche!, en la que anuncia el hallazgo de una cinta de vídeo donde los islamistas reivindican el atentado. El descubrimiento de la misma se realiza a las 19.40 horas y el portavoz del gobierno no anuncia su descubrimiento hasta las 00.45; cinco largas horas para trasladarse al lugar, recoger la cinta, retornar al punto de destino y visualizar el contenido de la misma.

Se nos antoja un tiempo excesivo analizarla y determinar con un traductor –imagino que al ver aparecer a un extremista islámico en las imágenes dejaban más que claro su contenido aunque no se entendiera el idioma– que la copia es una reivindicación de *Al Qaeda*.

¿Se buscó deliberadamente que el atentado tuviera consecuencias a nivel mundial?

En Resumen: Discusiones en el entorno policial por las declaraciones del gobierno; manipulación informativa y difusión de documentación privilegiada a medios afines por parte de la oposición con la aparente intención de desacreditar al Partido Popular; poca presteza en los comunicados del ministro del Interior y la confirmación de *Al Qaeda* como autores; eso a las 00.45 H. del día de las elecciones.

Está claro que por la cabeza de las más de 5.000 personas que se manifiestan "espontáneamente"[25] frente a las sedes del PP –y de las que sólo informa en directo la *CNN+*–, sólo cruza un pensamiento:

"el gobierno ha querido retrasar y ocultar la información sobre la autoría de Al Qaeda para que no le costasen las elecciones del 14-M, por su vinculación en el conflicto armado de Irak".

Jornada 04/04; "del 11-M al 14-M. Elecciones"

EL 14-M SÓLO TIENE UNA LECTURA, la de que los ciudadanos han apostado por "un cambio". Muchos aseguran que la implicación de España en la Guerra ha decidido que los españoles dejen de votar al PP. Lo que parece evidente cuando se ha realizado el recuento de votos es que apenas ha perdido votos, y que lo que ha ocurrido es una mayor participación que en otras elecciones. Lo que a todas luces ha sucedido es que el voto del indeciso, el de la población joven, y la amplia participación, han dado la victoria al PSOE.

14 de marzo de 2004; 21.00 horas
EL PSOE GANA LAS ELECCIÓNES: "ZAPATERO PRESIDENTE"

EL PSOE OBTIENE 164 ESCAÑOS y se sitúa como ganador de las elecciones 2004 con un porcentaje de voto del 42,64%. En un estrecho margen se queda el PP con 148 escaños y un porcentaje de voto del 37,64%. IU sufre las consecuencias del voto útil: 5 escaños y un 4,65% de votos. La participación en estas elecciones ha sido determinante: un 77,21% de la población.

Fin de la jornada 04/04; Conclusiones generales

LOS RESULTADOS DE LAS ELECCIONES crearon críticas diversas. Unos veían favorable el cambio en el mandato del gobierno, y otros anunciaban que el PSOE había ganado las elecciones gracias a los atentados. Entre éstos últimos se encontraban diferentes medios escritos internacionales como *The Times*, que aseguraba que las bombas *"hacen cambiar el resultado de las urnas"* en España. Duras críticas que parecen no detenerse a pensar en que el resultado del 14-M es sólo la consecuencia de la última gota que colmó el vaso de "indignación" de los españoles ante la soberbia del presidente José María Aznar. Valgan dos ejemplos:

El *Prestige*[23]

"¿QUIÉN ES EL PROPIETARIO DEL FUEL DEL PRESTIGE? Es una compañía suiza llamada 'Crown Resources', que actúa como empresa tapadera. El verdadero propietario es la empresa rusa 'Alpha Group', donde ocupó un puesto importante el actual presidente de Rusia, Vladimir Putin. Esta compañía financió la campaña presidencial de George Bush con más de dos millones de dólares y también patrocinó en su tiempo la campaña electoral de Boris Yeltsin. Ésta tiene un socio español, el judío March Rich, que en los años 1979 y 1980 fue condenado en España a prisión por su dedicación al tráfico ilegal de armas. Salió de prisión tras fuertes presiones de conocidos personajes de la derecha española. Volvió a ser condenado en Nueva York. Hubo dos demandas de petición de perdón que llegaron al tribunal que lo juzgó, siendo firmadas por Bill Clinton, presidente de Estados Unidos, y el otro por el rey de España, Juan Carlos I.

¿Quién es el propietario del 'Prestige'? Es un armador griego llamado Coloutos. Uno de los hijos de Coloutos ha encontrado trabajo en la Comunidad Europea. En estos momentos trabaja como asesor personal de Loyola de Palacio, por elección personal.

---

[23] Reflexión realizada por Edmundo Fayanás, profesor de historia y colaborador habitual de *El inconformista Digital*, aparecido en dicha publicación el 22 abril del 2003.

¿Quién es el dueño de los barcos de salvamento? Fernando Fernández Tapia "Fefé", personaje de la vida social madrileña, 'empresario ejemplar' para el Partido Popular, vicepresidente de la patronal de Madrid, vicepresidente del Real Madrid y socio en muchos negocios del mencionado March Rich. También participante en la famosa cacería de Toledo junto a Fraga".

Muchos analistas están convencidos de que el triunfo de "ZP" en las elecciones fue debido al atentado del 11-M, aunque, desde luego, no es la única causa.

Apoyo a la guerra en Irak

"DE LA GUERRA DE IRAK, SÓLO VOY A APORTAR algunos datos que son esclarecedores de muchas de las decisiones que ha tomado esta Administración republicana. Entenderán por qué lo único que han asegurado en esta invasión han sido los pozos de petróleo.

La familia Bush es la séptima de los Estados Unidos con intereses en el mundo del petróleo. George Bush ha adquirido su fortuna personal, gracias a los buenos negocios que realizó cuando encabezaba la 'Harken Energy Corporation'. Esta empresa petrolera tejana se llevó las concesiones de 'Barhein', como retrocomisión de los contratos norteamericanos-kuwaitíes, negociados por el presidente George Bush —padre—, como consecuencia de la primera guerra de Irak, todo ello de forma ilegal.

El 'Carlyle Group' fue creado en 1987, gestiona actualmente más de 12.000 millones de dólares. Este fondo financió generosamente la campaña de George Bush —hijo—. Los fondos con los que operan provienen mayoritariamente de Arabia, siendo uno de sus socios más importantes la familia Bush. Está dirigido este fondo por Frank Carlucci —ex secretario de defensa y de la CIA— y como consejero, James Baker —ex secretario de Estado— y el que está intentando solucionar el tema del Sahara. Alguna vez, esta compañía debería explicar el porqué de sus transacciones bursátiles antes del once de septiembre, donde sacó pingües beneficios. Saliendo beneficiada la familia Bush.

La actual consejera Nacional de Seguridad, Condolezza Rice, era consejera y accionista de 'Chevron', con una capitalización de 124.000 millones de euros, una de las mayores petroleras del mundo.

El vicepresidente Dick Cheney es el antiguo presidente de 'Halliburton', que es el primer suministrador de petróleo mundial por delante de 'Schlumberger', con una capitalización de 12.000 millones de euros.

El actual presidente de Afganistán, impuesto por los Estados Unidos, Kamil Karzai, fue un importante socio de la compañía petrolífera norteamericana 'UNOCAL'.

Se entiende ahora el cuidado que los norteamericanos han tenido con los pozos petrolíferos iraquíes.

La 'USAID', que es la sociedad creada por la Administración republicana para la reconstrucción de Irak, fue puesta en funcionamiento ya en el año 2002. Ha ido concediendo contratos mucho antes de que comenzara la gue-

rra. Ya ha concedido un contrato de 7.000 millones de dólares, de forma directa sin concurso a la empresa 'KBR', filial de 'Halliburton' —Dick Cheney—. Otra de las empresas beneficiadas que participarán es 'Betchel', en cuyo consejo de administración está el ex secretario de Defensa, Gaspar Weimberger y el ex secretario de Estado, George Schultz.

El general norteamericano que dirigirá la reconstrucción de Irak, Jay Garner, preside una empresa de alta tecnología en la construcción de misiles. Ha declarado que la guerra de Irak ha sido misericordiosa y sublime".

Estos dos ejemplos bastan por sí solos para comprender el enfado general del pueblo español, pero la gestión del 11-M se convirtió en el golpe de gracia para el PP, una gestión que ha sido duramente criticada por los principales líderes internacionales, hasta el punto de que se está estudiando[24] llevar a la próxima cumbre de la Unión Europea la mala actuación de Aznar a raíz de la acción terrorista.

Al parecer ello ha provocado el enfado de los principales primeros ministros del viejo continente puesto que el Sr. Aznar ha puesto en peligro la seguridad de otros Estados al no informar correctamente sobre los atentados, debido a que la falta u ocultación de información no propició que otros países elevaran su nivel de alerta.

Tal y como escribe el *Financial Times* en caso de que en la próxima cumbre se le *"leyera la cartilla"* a José María Aznar por su *"mentira de ETA"*, sería un acto sin precedentes en la historia de la Unión.

Estas declaraciones dejan bien claro que los informes que el gobierno desclasificó el viernes 19 de marzo para *"lavar la cara del ejecutivo y no pasar por mentirosos"* no han tenido el efecto esperado, y no es para menos...

En dichos informes, además de los errores que ya hemos comentado, existen infinidad de puntos pendientes de solución.

---

[24] A día 18 de marzo de 2004.

Por ejemplo, en los mismos se hace mención a que en el momento del descubrimiento y apertura[25] de la furgoneta blanca estacionada en los alrededores de Alcalá de Henares, se levanta un acta de inspección ocular a las 14.15 horas. Pues bien, este documento —que sin lugar a dudas es fundamental—, no se mostró junto con los otros papeles.

También se dice que cuando el vehículo fue trasladado a las dependencias policiales —operación que les llevó una hora y quince minutos—,[26] fue minuciosamente estudiado de nuevo[27] por los *Tedax*[28]. Esto se nos antoja algo absurdo, puesto que se debe entender que ya se había descartado la existencia de explosivos en la primera inspección ocular. De no ser así, habría que calificar de temerario hacer circular durante más de una hora un vehículo cargado de explosivos por el interior de Madrid...

Por lo tanto, dada la omisión de dicho acta ocular, así como el que se cite que la cinta encontrada en el furgón tenga una carátula con caracteres árabes, nos inclina a pensar —o al menos plantearnos— la duda sobre en qué momento tenía el gobierno conocimiento de estos hechos. El que se tuviera la constancia de la existencia de la mismas y sus caracteres a las 14.15 horas daría un giro de 180º a las declaraciones del Acebes y Aznar.

Este es sólo un ejemplo de que la desclasificación, para *"no quedar por mentirosos"*, no fue del todo diáfano.

---

[25] El que el vehículo se fuerce es una "anomalía" más dentro de los métodos policiales, pues no se tiene por costumbre cada vez que se recibe la notificación de un vehículo sustraído, forzarlo para comprobar su interior.

[26] Una cantidad de tiempo muy elevada para el corto trayecto a recorrer.

[27] Antes lo había hecho un guía canino entrenado para tal menester.

[28] Grupo de Desactivación de Explosivos.

Para colmo de males, y si nos ponemos quisquillosos, el que varios de esos documentos estén fechados y firmados casi una semana después de los atentados, les resta credibilidad.

Los únicos desclasificables que ayudarán a comprobar la certeza de lo que ocurrió son los atestados policiales, pero para eso, nos tememos que tendrá que pasar mucho tiempo.

No cabe duda de que quien manejó la verdad y la información al minuto fueron los servicios de seguridad, entre ellos el *CNI*, que fue acusado por el gobierno[29] de toda responsabilidad por señalar a ETA durante todo momento como la autora de los salvajes acontecimientos. El ejecutivo basa sus acusaciones en los propios expedientes desclasificados de los que hablábamos anteriormente, dejando claro que su línea de insistencia en ETA se basó en dichos informes.

Sin embargo, antes de que se produjeran estas acusaciones el mismo diario que difundía la noticia anterior, había publicado ya cómo el Centro Nacional de Inteligencia declaró que recibió la orden de insistir en la autoría de ETA, pese a las pruebas aportadas en contra. Todo esto se deduce de un informe del Centro Europeo de Inteligencia Estratégica y Seguridad –*ESISC*–[30,] de donde extraemos la siguiente declaración: *"Sabemos, por nuestras fuentes habituales en la comunidad de inteligencia europea, que el Centro Nacional de Inteligencia –CNI– y los servicios antiterroristas llegaron la misma mañana de los atentados a la conclusión de que nos encontrábamos, casi sin dudas, ante una acción islámica. Después recibieron de las autoridades del gobierno la orden de negar la pista islámica y asegurar que la de ETA era la única segura".*

Increíble pero cierto.

---

[29] Diario *La Voz de Galicia,* edición digital del 19 de marzo de 2004.
[30] El *ESISC* es un organismo no gubernamental dirigido por Claude Moniquet, experto con más de 20 años de experiencia, en terrorismo islámico. Este organismo informa y asesora a gobiernos y empresas privadas.

Podríamos llenar páginas y páginas desglosando información en uno u otro sentido, más informes de *Cadena SER* donde "con pruebas" demuestra que un alto cargo de la comisaría general de información visitó a Acebes a las 18.30 horas del mismo 11-M, para informarle que tras el análisis de la archiconocida furgoneta blanca la hipótesis de ETA estaba prácticamente descartada[31]; las alegaciones de los propios dirigentes del PP de Cataluña –que acusan al talante de Aznar como responsable del descalabro electoral en dicha comunidad[32]–, o la increíble detención de un mendigo árabe por parte del Juez Garzón, que durante el pasado mes de enero se había enzarzado con un Ertzantza, anunciándoles que *"dentro de dos meses iban a matar a un montón de madrileños en la estación de Atocha"*[33].

Me he prestado humildemente, pues la actualidad manda en esta vida acelerada y a veces cruel, más aún en la de un periodista, a reunir un conjunto de pruebas, clasificarlas, resumirlas y darles forma para que ahora sea usted quién se decida a realizar un análisis de conciencia. Le invito a no terminar aquí esta labor de investigación; amplié fronteras y busque más información de la que aquí exponemos. Seguramente se sorprenderá; quizás averigüe que el gobierno fue realmente transparente durante el transcurso de las cuatro jornadas posteriores al fatídico 11-M, o quizás se muestre de forma tajante y concisa que mintió y ocultó información a la sociedad española y al resto del mundo.

Pero tenga en cuenta que, por encima de toda culpa o responsabilidad, están las víctimas del 11-M y sus familiares; los miles de asesinados por el terrorismo y las cruentas guerras que nadie pidió, y a las que sin embargo ésta llamó a su puerta despojándoles de toda

---

[31] Boletín Informativo de *Cadena SER* el 18 de marzo de 2004.
[32] *El Periodista Digital,* edición del 17 de marzo de 2004.
[33] Boletín Informativo de *Cadena SER* el 17 de marzo de 2004.

libertad. A las victimas, a sus familiares y a las miles de personas que desinteresadamente intentan hacer de este mundo, un mundo mejor para nuestros hijos, está dedicado mi más sincero y emocionado reconocimiento, con el firme convencimiento de que su sacrificio, injusto, cruel y salvaje no fue en vano, y que cuando les recordemos lo haremos con orgullo y con lágrimas, porque será imposible perdonar; será imposible dejar de llorar...

La estación de Santa Eugenia, junto al Pozo y Atocha, a partir de ahora serán "sagrados", recordando la memoria de las víctimas.

CAPÍTULO 10

Marte, la conspiración se tiñe de rojo

¿Oculta información la NASA?

MARTE ESTÁ DE MODA, que no nos quepa la menor duda. En la actualidad dos misiones trabajan incansablemente para encontrar claras evidencias de vida en el planeta cuyo nombre corresponde al antiguo dios de la guerra. La evidencia de océanos que cubrían el mismo hace milenios ya es algo más que eso. Pero, ¿la presencia de dicho agua implica forzosamente que hubo vida en Marte? Para muchos esa pregunta ha tenido respuesta desde los años setenta del pasado siglo. Las pruebas están ahí arriba; sólo falta tenerlas en cuenta...

CORRÍA EL AÑO 1906 CUANDO el renombrado astrónomo americano Percival Lowell[1] anunciaba mediante su publicación *Marte y sus Canales*[2], la posible existencia de vías de irrigación sobre la superficie marciana. Sus investigaciones se habían visto influenciadas por los descubrimientos de otro colega, Giovanni Shiaparelli, astrónomo italiano que en 1877 descubrió unos extraños surcos en la superficie del planeta rojo a los que se refirió como "canali"[3]. Lowell creía que el agua proveniente del hielo de los polos discurría por dichos canales, enfatizando además que las zonas oscuras del planeta correspondían a zonas de vegetación, y las claras, a zonas de desierto. Hasta aquí las teorías de Percival podrían ser aceptadas —o aceptables—, al menos de cara a futuras investigaciones, pero Percival quiso ir más allá y se atrevió a promulgar que los mismos habían sido construidos por una civilización inteligente como método de subsistencia.

El Sr. Lowell sacrificaba así su reputación, pues muchos de sus colegas le tildaron de fantasioso. No obstante estas ideas calaron profundamente en las mentes de la sociedad estadounidense, que pronto imaginó una civilización extraterrestre habitando la superficie del que más adelante sería conocido como planeta rojo. Percival ni atis-

---

[1] Reconocido astrónomo, Percival Lowell (1855-1916), dedicó más de 15 años de su vida a la investigación de Marte, y a la astronomía en general. Antes de su muerte Lowell anunció la existencia de un planeta más allá de Neptuno, pero nunca pudo probarlo. Cuando Tombaugh descubrió Plutón en 1930, quiso honrar la memoria de Lowell poniendo sus dos iniciales al comienzo del nombre del planeta (PLutón).

[2] Antes ya había publicado *Marte,* en 1895, y posteriormente *Marte como nueva residencia*, en 1908, poco antes de su muerte.

[3] Como curiosidad cabe señalar que la traducción de "canali" en italiano fuera "surco", y que sin embargo se le diera el nombre de canales que difiere sustancialmente de la palabra original, cambiando por completo el concepto de la misma.

baba en el más revelador de sus sueños que sesenta años después unas sondas llamadas *Viking* amartizarían suavemente sobre la superficie de ese mundo que tantos años había investigado. A partir de entonces los ojos con los que miraríamos a Marte se dividían entre los que creían la versión de la NASA, y los que la ponían en duda.

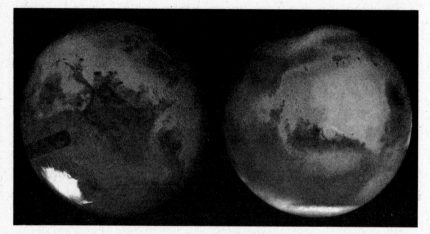

El planeta rojo, Marte, un sueño cada vez más cercano...

La Agencia Espacial Norteamericana, después de sus logros de 1969[4], quiso dar un paso más adelante y comenzó a poner sus ojos sobre la polvorienta y fría superficie de Marte. Así, en 1976 y después de las investigaciones de las *Mariner*, hacía su llegada el 20 de julio de 1976 la *Viking-I*, primera de las más exitosas misiones de la NASA. Ésta se componía de una sonda de aterrizaje y otra orbital. La que debía amartizar tenía como principal misión la búsqueda de vida en el planeta rojo a través de diferentes métodos, entre los que des-

---

[4] Logros por otro lado muy discutidos. No pretendo poner en duda que el hombre estuvo en la Luna,pero sí que los métodos de información de la NASA fueron, cuanto menos extraños. ¿Ocultó información?, ¿las imágenes enviadas eran reales, recreadas o quizás manipuladas? El debate, créanme, continúa.

tacaban el análisis de las imágenes enviadas y el análisis *in situ* de muestras recogidas por la *Viking*.

Al contrario de lo que mucha gente pudiera pensar, y tal y como afirmó el Dr. Gilbert Levin, uno de los científicos al cargo de las investigaciones de las citadas sondas, éstas encontraron indicios de vida.

La NASA argumentó que puesto que no se habían hallado muestras de moléculas orgánicas durante los análisis, el planeta era prácticamente estéril. Pero había otras pruebas que ponían en entredicho tales afirmaciones... Éstas también fueron sometidas a procesos metabólicos —como la fotosíntesis y la quimiosíntesis—, dando asombrosamente resultados positivos al liberar grandes cantidades de oxígeno tras ser tratadas con un nutriente orgánico. Pero ahí no acabaron los estudios positivos; cuando la muestra fue sometida a grandes temperaturas —posteriormente de ser marcada—, se encontró que dicha marca se encontraba ausente, lo que cabría esperar si la reacción original hubiera sido causada por una agente biológico[5].

El por qué la NASA minimizó estos resultados sigue siendo un enigma. Sin embargo, las cosas cambiarían en 1996 cuando en un hito sin precedentes en la historia, la agencia espacial anunciaba haber encontrado vida microscópica, eso sí, en un meteorito encontrado en la Antártida en 1984. Se trataba de *ALH84001*, el trozo de asteroide más prolífico de la historia. Llevábamos años buscando vida en Marte y de pronto la encontramos... pero aquí en la Tierra. El anuncio se difundió por todo el mundo y el interés por la NASA, Marte y las misiones espaciales se intensificó. Sin lugar a dudas la estrategia de ésta para recaudar fondos e impulsar de nuevo la exploración espacial había funcionado a las mil maravillas, ¿o es que nos queda alguna duda de que dicho anuncio no cumplía a dicho fin?

---

[5]   Enciclopedia Británica: "Mars".

De nuevo Marte volvía a estar de moda; esos ínfimos mini fósiles era los mas cerca que estábamos de nuestros "hombrecitos verdes".

Sí, era vida microscópica, pero nadie pudo evitar volver a recordar la historia de la cara...

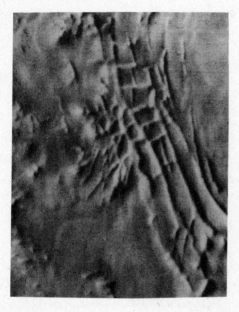

Esta es la presunta ciudad que se descubrió gracias al realce fotográfico realizado a las imágenes de las *Viking* en 1976.

La región de Cydonia

LAS MISIONES VIKING no sólo fueron famosas por sus polémicos análisis de muestras marcianas. Las instantáneas que enviaron a la Tierra fueron si cabe más polémicas en cuanto a sus anomalías, sobre todo las procedentes de la región de Cydonia.

Después del éxito de la *Viking-I*, y gracias a las cientos de imágenes enviadas por la misma, se buscaba un lugar idóneo para el amartizaje de la segunda misión, la *Viking-II*, y uno de ellos podría ser la región de Cydonia. Tobias Owen, investigador de la NASA, buscaba en las mismas un lugar donde la segunda sonda tocara "tierra" con suavidad, cuando en un momento determinado, mientras analizaba la imagen numerada como "35A72", su gesto cambió instintivamente. Ante sí tenía lo que indudablemente parecía un gigantesco rostro que miraba fijamente al cielo. Al instante Owen anunció su descubrimiento a los responsables de la agencia, y éstos, tras un análisis, determinaron y dieron a conocer a la opinión publica que aquella

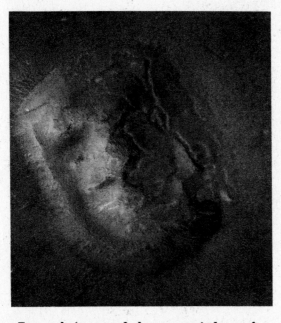

fantasmal faz no era otra cosa que un juego de luces que hacía aparecer la silueta como una ilusión óptica. Incluso se atrevieron a decir que habían tomado una fotografía horas después y la cara no apareció...

Al tiempo se descubrió que dicha instantánea no existía, y que de existir no mostraría nada pues a la hora en que la NASA informó que

Esta es la imagen de la cara enviada por la Mars Global Surveyor.

se había captado, esa parte del planeta se encontraba en la más absoluta oscuridad. ¿Por qué la NASA se mostró tan implacable, hasta el punto de mentir a la opinión pública para desmitificar el rostro de Cydonia?

Desconocemos la respuesta; sólo caben especulaciones. A los científicos y astrónomos norteamericanos se les complicó aún más la situación cuando los investigadores comenzaron a analizar las imágenes de Cydonia[6] y la cara, descubriendo nuevas anomalías que gestaron la que hoy es conocida como la "Teoría del OAC"[7]. Todo apunta a que la NASA, a pesar de afirmar que la cara de Cydonia era una ilusión óptica, prefirió mantenerse cautelosa y no enviar a la región la segunda *Viking*, decantándose por otro lugar que sin lugar a dudas era más problemático que ésta. Ello se deduce fácilmente puesto que al poco de anunciar el descubrimiento de la misteriosa formación, la NASA desestimó inmediatamente dicho lugar.

Carl Sagan[8], prestigioso astrónomo, hablaba en su famoso libro *Cosmos* sobre la decisión de elegir Cydonia como sitio preferencial: *"...se hallaba a 44° latitud norte. El emplazamiento denominado Cydonia, se eligió debido a que, según unos razonamientos teóricos, había grandes posibilidades de que allí existieran pequeñas concentraciones de agua líquida, al menos en algunas épocas del año marciano... las posibilidades de que la Viking encuentre vida se incrementan de manera sustancial en Cydonia".*

¿Qué más podía pedir la NASA? Un lugar preferencial donde podía existir vida, y además se descubría una curiosa anomalía que podría ser de origen artificial; y aunque todo apuntara a un juego de luces, ¿por qué no enviar al lugar la sonda tal y como tenían planeado desde el principio? Se podían haber realizado las investigaciones pertinentes, y además, con sólo una ojeada, despejar toda duda de la imagen "32A75", pero no se hizo así. En una decisión de última hora —y como decíamos, tras anunciar el descubrimiento de la cara—, la NASA desestimó Cydonia y se decantó por Utopia Planitia, argu-

---

[6] La imagen abarca una superficie de 55 por 50 kilómetros de terreno.

[7] Origen artificial de Cydonia.

[8] Carl Sagan (1934-1996), además de reconocido astrofísico, y divulgador, fue un importante colaborador y consejero de la NASA desde los inicios de la creación de la agencia.

mentando, según Carl Sagan, que *"44º Norte resulta un lugar completa-mente inaccesible a la certificación por radar. Si la Viking-II se lleva a latitu-des tan septentrionales se corre un alto riesgo de fracaso"*. Sin embargo, resulta desconcertante que si estos eran los motivos de la NASA, se eligiera posteriormente un lugar como Utopia Planitia para el amar-tizaje, cuyo suelo estaba tan erosionado que los cantos rodados casi la hacían caer –y que además estaba a 47,7º de latitud norte, lo que apenas permitía las confirmación del radar de la que hablaba Sagan–.

Pero la cara todavía tendría muchas cosas que decir, y así, en 1980, apareció una nueva imagen que curiosamente estaba muy mal archiva-da. Su descubridor fue Vincent DiPietro, que de manera fortuita dio con la imagen "70A13", tomada por la *Viking* 35 días después de la pri-mera polémica. Ésta tenía un ángulo diferente, así como una inciden-cia de luz que nada se parecía a la anterior, lo que descartaba que el rostro fuera una ilusión óptica creada por luces y sombras.

Di Pietro contaba ahora con dos instantáneas captadas en horas diferentes del día y con un ángulo distinto. Los descubrimientos que hizo sobre la cara tras someterlas a algunas mejoras informáticas fue-ron increíbles. Gracias al realce pudo descubrir "dientes" en la boca, pupilas en las cuencas oculares, así como líneas bilaterales sobre los ojos, y en lo que se conoce como "tocado".

Pero lo más importante estaba aún por llegar, y tras analizar el área al completo, descubrió que la cara era sólo la punta del Iceberg. A 16 kilómetros de la misma, y con una orientación norte-sur –casi pulcra con la alineación del planeta–, se disponía lo que Di Pietro y su colega codescubridor, Gregory Molennar, denominaron la "Pirámide D&M"[9], una gigantesca estructura pentagonal cuyo lado más pequeño alcanzaba 1,5 km y una altura de 800 metros.

---

[9] Anterior al descubrimiento de estas pirámides, las sondas *Mariner* descubrieron otras entre 1972 y 1974, cerca de la zona conocida como "Cuadrángulo

Otros investigadores dieron un paso más en el estudio de la imagen, observando lo que denominaron "La Ciudad", una enorme disposición de líneas rectas que formaban extrañas estructuras semejantes a una gigantesca ciudadela derruida y desgastada por el paso del tiempo. Las anomalías en Cydonia se contaban ya por decenas,

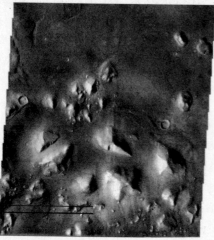

Este es el lugar donde se encuentran las anomalías de la cara y la "Pirámide D&M", entre otras.

pero lo más increíble fueron los resultados matemáticos que revelaron las estructuras al realizar mediciones sobre las mismas. Había una constante matemática que se repetía sin cesar: 19,5 grados, que viene a ser t, la constante tetraédrica. Ésta se prodigaba una y otra vez, y no era la única: otras constantes como fi, pi o e, también se dejaban notar.

Para los que aceptaban la "Teoría del OAC", aquellas coincidencias no eran casuales, denotaban un origen intencionado y artificial, más aún cuando éstas se encontraban repetidamente en grandes

---

Elyseum", a las que el astrónomo Carl Sagan dio un posible viso de realidad diciendo que *"parecen que estén erosionadas y sean muy antiguas, aunque también pueden ser pequeñas montañas erosionadas"*.

construcciones megalíticas en la Tierra como el antiguo Teotihuacan, Egipto o Stonehenge. Quizás por eso, comentan los adictos" a las teorías de la conspiración, cuando la sonda norteamericana *Pathfinder* amartizó el 4 de julio de 1997 en Ares Vallis, la NASA pretendía difundir un mensaje. Al parecer el que la sonda tuviera una marcada forma tetraédrica, con paneles en forma de triángulo equilátero, y que el Ares Vallis se encontrara a 19,5° latitud norte, era una forma de decir, *"aquí estamos, hemos entendido lo que nos querías decir"*[10].

El origen militar de la NASA

LA NASA NACIÓ EN 1958, en pleno proceso de la Guerra Fría, y no precisamente como un estamento de investigación espacial, sino como una extensión más al largo brazo del organigrama militar, producto de la paranoia que se vivía en los Estados Unidos.

Es posible que los estamentos más básicos de aquel nacimiento militar aún perduren en la actualidad.

Algunos investigadores como Richard Hoaghland o Graham Hancock, han sugerido que la razón para la insistencia desde el primer instante en que se descubre la cara de Cydonia hasta la actualidad por desmentir y no mostrar el mínimo interés por la "Teoría del OAC", podría encontrarse en el denominado "Informe Brookings", escrito en 1960. Éste cita que en caso de encontrarse evidencias de la existencia de vida extraterrestre, debería de contenerse por razones de seguridad pública. Por si esto fuera poco, dicho informe aconseja a la NASA que se pregunte y considere cómo y en qué cir-

DAVID HEYLEN CAMPOS

---

[10] Esta información, como otra de este capítulo, ha sido recopilada del libro *El Misterio de Marte*, de Graham Hancock, y la colaboración de Robert Bauval, éste último conocido por la polémica "Teoría de Orión".

cunstancias se podría mantener y ocultar la información, y cuál debería ser su finalidad.

El expediente fue encargado por la agencia espacial durante la fundación de la misma en 1958, y en el mismo ya se planteaba la posibilidad de que en un futuro, cuando se investigara la Luna o Marte, existirían grandes posibilidades de encontrar artefactos extraterrestres en su superficie, dejados allí por otras formas de vida. Ante estos hallazgos, el documento aclaraba que los descubrimientos podrían tener efectos negativos en los líderes políticos, y que conmocionarían a la sociedad. Como bien aclara Graham Hancock en su libro *El Misterio de Marte*, *"este informe no viene más que a ratificar la postura del gobierno*

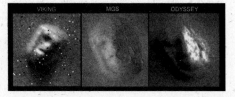

Evolución de la cara de Cydonia según las imágenes de diferentes misiones.

ante los fenómenos extraterrestres". Claro ejemplo es el archiconocido "Caso Roswell", otra famosa conspiración del gobierno norteamericano que pese a declararlo como *"caso cerrado"* hace unos años, sigue presentando demasiadas lagunas como para quedar clarificado.

Corría el año 1947 cuando en la zona de Roswell, Nuevo Mexico, y muy cerca de la base secreta de "Los Alamos", se estrelló lo que los mismos militares calificaron como un "platillo volante", quedando así registrado en la prensa... y en la historia. A las pocas horas, sin embargo, la versión cambió, cosa que ha sucedido en infinitas ocasiones desde hace más de 50 años.

Primero fue un platillo volante, después un globo sonda, luego se convertiría en un proyecto secreto denominado "Mogul", que consistía en lanzar enormes globos para la escucha de pruebas nucleares de la extinta Unión Soviética, y finalmente, en 1997, cuando se cumplía el cincuenta aniversario del caso, se dijo que todo había sido el producto de un globo sonda que iba a gran altura, y que los supuestos cuerpos de alienígenas que cientos de testigos habían visto no habían sido más que maniquíes de pruebas[11], simples *Dummies*.

Esto no convenció a nadie[12], y a día de hoy se sigue debatiendo por qué el gobierno oculta información en torno a este caso.

Misiones posteriores a las *Viking*

DESPUÉS DE LAS EXITOSAS Y POLÉMICAS MISIONES VIKING, la NASA siguió insistiendo con Marte, y así, en 1993, enviaron la Mars Observer, un multimillonario proyecto que acabó en una completa ruina por una inexplicable y absurda decisión. Al parecer, mientras se presurizaban los tanques de combustible los ingenieros de la NASA decidieron efectuar una maniobra realmente extraña y absurda, única en la historia de la exploración espacial: cortar la comunicación con el ingenio espacial.

Este corte deliberado del radioenlace fue una estupidez, pues el riesgo de perder la comunicación con la nave para luego volver a retomarlo era muy alto, y así sucedió lo inevitable. La comunicación se perdió y no se pudo restablecer de nuevo.

Esto dio pie a un controvertido debate sobre la pericia de los técnicos de la NASA, y abrió una grave crisis en su seno conforme al desperdicio de presupuesto con dicha nave. En cambio, para los

---

[11] ¿Y para eso cincuenta años guardando silencio? ¿Para qué alimentar la idea de que el gobierno americano, miente y de esta manera aumentar la desconfianza de la ciudadanía hacia el mismo?

[12] Bien sea por la contradicción en las fechas de lanzamiento de maniquíes —que no coincidían con la del accidente—, o en la sencilla pregunta que apostilla que, si eran maniquíes, ¿por qué se metieron en bolsas para cadáveres como muchos testigos pudieron observar?, las dudas sobre el caso son infinitas.

"conspiranoicos", la perdida de la misma había sido deliberada, pues muy posiblemente estuvo cartografiando Marte mucho antes de lo que se informó. Algunos incluso van más allá afirmando que quizás esta sonda continúe su labor de cartografiado hoy en día. Lo cierto

¿Qué representa esta curiosa imagen plagada de extraños y erguidos monolitos?

es que el nuevo fracaso dejaba en evidencia la fatídica estadística que afirma que dos de cada tres sondas enviadas a Marte se van al garete. No obstante la NASA superó la crisis y envió nuevas sondas que por fin dieron sus frutos; una de ellas fotografió de nuevo la cara de Marte: fue la *Global Surveyor*.

El 5 de abril de 1998 el artefacto sobrevolaba la región de Cydonia, y después de las insistencias de los ciudadanos para que se fotografiara de nuevo la zona, la cámara de la sonda, apuntó, enfocó... y disparó[13]. La imagen se procesó, y tras varias horas, la NASA la dio a conocer con un aclaratorio pie de foto: *"No es una cara"*.

---

[13] Durante la misión *Mars Odissey* se tomaron también nuevas imágenes de la cara de Marte, que mostraba una extraña incidencia de luz en su lado derecho. Después de cientos de análisis, Richard C. Hoagland concluye en su página Web http://www.enterprisemission.com, que dicha incidencia sólo puede responder a la existencia de materiales como el vidrio o el metal sobre la superficie de la cara.

La imagen mostraba algo totalmente diferente a las catadas por la *Viking*, pues se había "convertido" en una enorme montaña que a pesar de todo seguía teniendo muchos aspectos extraños.

Al mismo tiempo –y paralelamente que la NASA desmentía el origen artificial de la cara de una vez por todas–, los fieles a la "Teoría OAC" se defendieron argumentando que dado el tiempo que la NASA había tardado para transmitir la imagen, ésta podía haber sido manipulada, y lo cierto es que no era la primera vez que la agencia espacial era acusada de realizar algo así[14].

También declararon que era evidente que cuanto más cerca se fotografiaba un objeto deteriorado, más imperfecto parece el mismo, y que no eran razones para descartar su anomalía. De hecho, muchas de estas "rarezas" encontradas durante los realces informáticos realizados a las imágenes de las *Viking*, como "los globos oculares" o las rayas bilaterales de los ojos, resultaron ser ciertos, lo que venía a demostrar que los otros objetos descubiertos mediante estas técnicas podrían ser igualmente reales, sean la "Ciudad", "El Fuerte" o la "Pirámide D&M": solo un ejemplo.

Lejos de zanjar el asunto, la NASA había dado un nuevo impulso a los que creían en la realidad de la citada teoría. Se quiso aniquilar

---

[14] Durante el año 2002 el incansable investigador Richard C. Hoagland, durante la emisión del programa *Coast to Coast am*, denunció públicamente que la NASA había proporcionado intencionadamente imágenes en infrarrojos de baja calidad y con ruido de la región donde se encuentra la cara de Marte, realizadas por la *Mars Odissey*, imágenes que aún siguen en su página Web http://themis.asu.edu/zoom-20020724A.html. En las mismas, y gracias a un programa de realce fotográfico suministrado por *Kodak*, Hoagland observó algo que le dejó consternado: al parecer la "Pirámide D&M" emitía lo que se podía considerase como "calor".
Más información: http://www.marte.org/paginas/noticias/13_09_2002.htm

el eje central de la misma, que advierte la artificialidad de Cydonia, y lo que se consiguió fue darle nuevos impulsos.

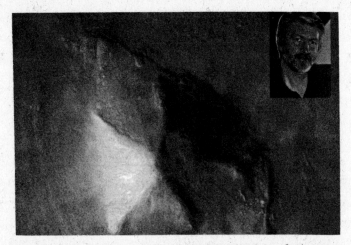

Gracias al *software* de la *Kodak Hoagland* –en la parte superior– mejoró las "falsas" imágenes emitidas por la NASA, y evidenció la presencia de calor en la "Pirámide D&M".

Marte en la actualidad. Las misiones *Rover*

A FINALES DEL AÑO 2003 Y PRINCIPIOS DE 2004 se vivió un hecho sin precedentes en la historia de la exploración espacial de Marte. Un total de tres sondas, todas equipadas con módulos de amartizaje, hacían su llegada al planeta rojo, dos de ellas americanas, y por primera vez, una europea. Desgraciadamente, la sonda del viejo continente se quedaba a medio camino del éxito; su vehículo, el *Beagle-2* se perdió durante el amartizaje, quedando únicamente con vida el modulo orbital *Mars Express*. Las otras dos, sin embargo, tuvieron un éxito rotundo; eran la *Opportunity* y la *Spirit*. Ambas lograron posarse sobre el planeta con éxito, pero los problemas se evidenciaron muy rápidamente, igual de precoces que surgieron las sospechas.

El 3 de enero de 2004 la nave *Spirit* llegó, literalmente, de rebote a Marte y tras varios días de protocolo para su carga de baterías y puesta a punto, se puso a trabajar hasta que inesperadamente, el día 18, dejó de mandar señales a la Tierra, justo cuando comenzaba a analizar la roca bautizada como "Adirondack". Las primeras explicaciones de la NASA argumentaron que se había perdido comunicación con el *rover* debido a una tormenta que asolaba las costas australianas. Posteriormente se desmentiría dicha afirmación, o al menos así lo entendemos, y la NASA, por medio del director del proyecto, el Dr. Thesinger, explicó que una *"anomalía muy seria"* había afectado al *Spirit*, y que éste solo enviaba datos incoherentes acompañados de letargos y ruidos.

Todo parecía indicar que no tenían muy claro lo que querían decir al público, y así lo interpretaron los que vieron ésto como un método de ganar tiempo para realizar sus propias investigaciones o manipular las siguientes imágenes que verían en la Tierra.

Caducidad de los *Rover's*

OTRO DE LOS ASPECTOS INQUIETANTES de estas misiones es el argumento que han utilizado los técnicos de la NASA para predecir la "caducidad de los vehículos marcianos". Al parecer argumentan que los mismos seguirán funcionando hasta que los paneles solares que portan se vean obstruidos y cubiertos del fino polvo que existe en Marte, más en concreto en el lugar donde había caído la *Spirit*.

Pero como bien apuntan los periodistas Guillermo León Jiménez y José Manuel García Bautista[15], es evidente y comprobable que si esto fuera así, tras más de tres meses de estancia en suelo marciano los paneles de la sonda estarían ya parcialmente cubiertos de dicho

---

[15] Revista *Más Allá de la Ciencia*, abril de 2004.

material. Nada más lejos de la verdad. Como evidencian las imágenes posteriores al día 29 de marzo, dichos paneles se encuentran impolutos, y lo único cubierto de tierra son los *airbag* que absorbieron el impacto, material que además —y para añadir mas extrañeza— parece estar ¿húmedo?

¿Lo seguiremos llamando "el planeta rojo"?

COMO ERA DE ESPERAR, LAS SONDAS ENVIARON sus primeras imágenes de una panorámica marciana, y estas "se colaron" por primera vez al público. En las mismas se presentaba un aspecto totalmente diferente del color del cielo y la tierra marcianos, siendo el primero más azul y el segundo más cercano a cualquier zona desértica de nuestro planeta. Sin embargo, cuando la NASA comenzó a ofrecer nuevas instantáneas del planeta, ese cielo se tornó de un anaranjado casi rojizo, ocurriendo paralelamente lo mismo con el aspecto del suelo. ¿Manipularon el colorido de las imágenes? A todas luces parece ser que sí, y más si nos atenemos a otras que han ido surgiendo en Internet, suministradas por la propia agencia.

En una de esas se observa el ensamblaje del vehículo *Spirit* en la tierra; durante el mismo se observan detalles como el cableado o una gruesa cinta de un profuso color amarillo, que misteriosamente se torna anaranjada oscura al vislumbrarla en la superficie de Marte. Y no sólo eso: incluso los extremos de un mecanismo similar a un *joystick* instalado en la sonda, ha cambiado de color de manera sorprendente.

Muchos investigadores y expertos en el tratamiento de imágenes como el joven Keith Laney han determinado que, aplicando los patrones de color originales a estas imágenes ofrecidas por la NASA, el aspecto de Marte cambia por completo. Un cielo más azul y un aspecto del terreno más reconocible por todos es el resultado final, lo que denotaría que en la atmósfera de Marte podría existir más oxígeno y nitrógeno del que nos han contado.

¿Ha destruido la NASA un posible fósil marciano?

Así lo afirma la peor pesadilla de la NASA, Richard C. Hoagland. Desde su página web, muestra una inquietante fotografía que exhibe extraordinarias similitudes con los fósiles de una planta que existió en nuestro planeta la *Cincinnatian Crinoids*.

La imagen fue tomada por la sonda *Opportinitty* durante el análisis del afloramiento rocoso bautizado como "El Capitán". En el mismo se realizarían unos experimentos que se denominaban "abrasión de la roca", lo que provocaba en la misma una señal similar a un pequeño pulido circular. Antes de realizar dicho experimento la sonda debía tomar una fotografía de alta resolución del entorno, y posteriormente iniciar la prueba. En dicha fotografía –página siguiente– es donde aparece el "fósil" de Hoagland. Éste presentaba una estructura anillada similar a los de un anélido; no en vano fue esa la primera teoría, hasta que apareció en escena el especialista en fósiles marinos, Sr. James C. Calhoun, quien remitió unas interesantes imágenes de fósiles a Hoagland argumentando que el parecido del marciano era asombrosamente similar a los de algunos ejemplares de *crinoideos*[17] obtenidos aquí en la tierra.

La confirmación de aquel descubrimiento podía ser fundamental para determinar de una vez por todas la existencia de vida pasada en Marte¿Qué hizo la NASA...? Simplemente lo destruyó. La siguiente

David Heylen Campos

---

[17] Existen muchas especies fósiles de esta familia –más de 5.000–, y constituyen el tronco más abundante y variado de *equinodermos*; aparecieron en el periodo Cámbrico y alcanzaron su auge en el Devónico. Del grupo actual, que se encuentra en extinción, se conocen alrededor de 700 especies.

imagen que ofreció la agencia fue la misma roca donde se encontraba el supuesto fósil y una marca de abrasión en la misma, con tan "mala suerte" que ésta estaba justo encima del mencionado "fósil", ni un milímetro desplazada. De nuevo volvían a hacernos dudar.

Descubrimientos oficiales y posturas inquietantes

Una comparación de un fósil de *crinoideo* y el supuesto fósil marciano de Hoagland.

PESE A TODAS ESTAS TEORÍAS, TANTO LA NASA como la ESA[18] siguen realizando sus investigaciones en el planeta rojo, y hasta el momento las confirmaciones oficiales han sido acogidas con gran regocijo.

Después de años de investigación —y sin que sorprendiera ni a propios ni a extraños—, las dos agencias espaciales han confirmado la anterior presencia de agua líquida sobre la superficie, lo que abre de nuevo las puertas hacia la posibilidad de que en un pasado no muy lejano[19] existierán formas de vida, dejando abierta la posibilidad de que éstas pudieran ser complejas.

Y por si fuera poco, también se ha confirmado —gracias a las labores de la sonda *Mars Express*, la existencia de metano en la atmósfera de Marte. A estas conclusiones se había llegado con observaciones realizadas por telescopios situados en la Tierra, pero la sonda europea ha confirmado la hipótesis.

---

[18] Agencia Espacial Europea.
[19] Astronómicamente hablando.

El descubrimiento es realmente interesante en las dos vertientes, pues por un lado confirma que la fuente de metano es constante, ya que las moléculas del mismo no son estables, y que ésta podría proceder de dos vetas distintas, o bien de volcanes activos que nunca han sido descubiertos; o aún más interesante, de la actividad bacteriológica. En la Tierra, las mismas producen metano del hidrógeno y dióxido de carbono. Los microbios terrestres que producen este gas no necesitan oxígeno para vivir, y por ello los científicos creen que son las que puede haber en Marte.

Desgraciadamente las dos sondas americanas en activo en el planeta, a las que al parecer se les ha alargado el periodo de vida, debido a su bajo consumo de energía, no pueden realizar este tipo de experimentos pues fueron diseñadas para realizar pruebas geológicas, misión para la que la desaparecida *Beagle-2*[20] sí lo estaba.

En este sentido la postura de la NASA parece estar cambiando y comienza a asumir que la sociedad actual puede aceptar sin problemas la posibilidad de la existencia de vida extraterrestre. Quizás se haya dado cuenta de que las tesis del "Informe Brookings" fueran teóricamente aceptables para la sociedad de los años treinta del pasado siglo, que evidenció su miedo colectivo con los relatos radiofónicos de Orson Wells, pero no para una sociedad moderna como la nuestra. Probablemente por ello las declaraciones actuales hacia fenómenos anómalos —como la captación de un OVNI[21] en una imagen del *Spirit* el 23 de marzo de 2004—, fueran de una mentalidad tan abierta, tal y como lo demostró Mark Lemmon, uno de los responsables de los *rover* marcianos, que trabaja en la Universidad de Texas,

---

DAVID HEYLEN CAMPOS

[20] Módulo de amartizaje de la sonda *Mars Express* que se perdió en el descenso.
[21] Entiéndase OVNI como "Objeto Volador No Identificado".

quien aseguró en una entrevista: *"¿Estamos ante la primera imagen de un meteorito tomada desde Marte o ante la fotografía de una nave espacial enviada por otra civilización que está llevando a cabo su propio programa de exploración espacial?".* [22]

Los tiempos parecen cambiar... Esperemos que aquellos que manejan el poder en la sombra permitan que así sea.

---

[22] Periódico *El Mundo* en su edición del 23 de marzo de 2004. (www.elmundo.es).

Referencias literarias
e Internet

PARA LA REALIZACIÓN DE LA PRESENTE OBRA se ha hecho necesario consultar gran cantidad de material, tanto bibliográfico, como periodístico, así como electrónico. Éste último gracias a la gran herramienta —de doble filo— que es Internet. Debido a la escasez de obras que traten este tema en habla hispana, se ha recurrido y analizado diversas obras en inglés que ayudaron sin duda a darle forma a gran parte de los capítulos de este trabajo.

Por razones evidentes la totalidad de esa bibliografía no ha sido expuesta, por lo que emplazo al lector a que consulte la misma para ampliar, contrastar y verificar datos aquí expuestos.

Capítulo 1: 11-S, la penúltima conspiración

La Gran Impostura, THIERRY MEISSAN. Esfera de los Libros 2002.
Sitio Web Rense.
Sitio Web La Rebelión.
Sitio Web Conspiracy.

Capítulo 2 y 3: Asesinato de JFK

Encuesta, E. JAY EPSTEIN. Editorial Dima 1966.

JFK, tras la pista de los asesinos, JIM GARRISON. Ediciones B 1988.

Muerte de un presidente, WILLIAM MANCHESTER. Globos 1967.

Sitio Web *El asesinato de Kennedy*

Película y documental en DVD: *"JFK"*. OLIVER STONE, 1991.

Capítulo 4: La vergüenza del oro nazi

Colección "Factor X". Planeta de Agostini 1998.

El Oro de Canfranc, RAMÓN J. CAMPO. Biblioteca Aragonesa de Cultura 2001.

El oro del III Reich. Vaticano, Nazis, Judíos, ÁLVARO BAEZA. Sitio Web Nazi Gold.

Capítulo 5: Hindenburg, el "Titanic" del aire

The Hindenburg, MICHAEL M. MOONEY. MacGibbon Ltd.

Sitio Web Air-Ship.

Grandes Misterios sin resolver, JOHN CANNING. Editorial Tikal 1995.

Capítulo 6: Terror en Oklahoma

Colección "Factor X". Planeta de Agostini 1998.

In the Wake of the Bomb. NANCY INGRAM. Editorial Rainbow Book 1996.

Sitio Web, ¿Dos Bombas en Oklahoma City?.

Sitio Web Dark Conspiracy.

Capítulo 7: Fluoración, envenenamiento global

Fluoride: Drinking Ourselves to Death, BARRY GROVES.
Editorial New Leaf junio 2002
Coleccion "Factor X". Planeta de Agostini 1998.
Sitio Web, Medical Archives.

Capítulo 8: Martin Luther King, el hombre de los sueños

Orders to Kill, WILLIAM F. PEPPER. Paperback 1998.
Sitio Web, Conspiracy Planet.
Sitio Web, Cosnpiracy Net.

Capítulo 9: 11-M, la gran conspiración española

11-M: Claves de una conspiración, BRUNO CARDEÑOSA. Espejo de
    Tinta 2004.
Sitio Web www.cadenaser.com
11-M–14-M, Onda expansiva, ROSA Mª ARTAL. Espejo de Tinta
    2004.

Capítulo 10: Marte, la conspiración se tiñe de rojo

Sitio Web *www.nasa.gob*
Revista *Más Allá de la Ciencia*, abril de 2004.
El misterio de Marte, GRAHAM HANCOCK. Grijalbo 1994.